lonely planet

BIARRITZ ET LA CÔTE BASQUE
EN QUELQUES JOURS

W0336593

ÉMILIE THIÈSE

Sommaire

Préparer son séjour

Surfeurs sur le sable, Hendaye
DOMINIQUE MARIOTTI / FOTOLIA ©

Explorer Biarritz et la Côte basque 29

Vaut le détour

Carnet pratique 147

Coups de projecteur

Bienvenue à Biarritz et sur la Côte basque

Fière, balnéaire et sauvage, la Côte basque offre un condensé de panoramas grandioses. Son littoral, toisé par le piémont pyrénéen, égrène, jusqu'à la frontière espagnole, villes et villages de caractère, entre plages et falaises. Biarritz, l'impériale, Bayonne, la culturelle, Anglet, la californienne, Bidart, la discrète, Guéthary, la branchée... Si chacune possède sa personnalité, toutes ont en commun les plaisirs liés à l'océan – le surf en tête – et à la gastronomie, et ont su préserver, en dépit de leur forte attractivité touristique, une réelle authenticité.

Biarritz au crépuscule (p. 31)
XANTANA / ISTOCKPHOTO.COM ©

Les incontournables

Patrimoine impérial

L'aristocratie a paré Biarritz d'édifices remarquables. p. 32

ALEXANDER DEMYANENKO / STOCK.ADOBE.COM ©

XAULA / STOCK.ADOBE.COM ©

Du surf, rien que du surf

Biarritz
et ses spots
de renommée
internationale.
p. 34

YVANN K / FOTOLIA ©

Le Vieux Bayonne

Un patrimoine
historique
et architectural
à découvrir. **p. 58**

JEU / LE MUSÉE BASQUE ©

Musée basque et de l'histoire de Bayonne

Pour tout savoir
sur la culture
basque. **p. 60**

Bayonne et le chocolat

Une destination de choix pour les gourmands ! **p. 62**

OFFICE DU TOURISME DE BAYONNE ©

ADEMYAN / ISTOCKPHOTO.COM ©

La route de la Corniche

Un vaste espace naturel sur la Côte basque **p. 124**

Le Château Observatoire et domaine d'Abbadia

Un édifice néogothique impressionnant posé sur une falaise. **p. 134**

Gastronomie

OLIVIER CIRENDINI / GETTY IMAGES ©

Qu'elle soit traditionnelle ou d'auteur, la cuisine basque a amplement de quoi séduire les papilles ! Il faut dire que la région, véritable pays de cocagne, regorge de petits producteurs. Avec une matière première d'excellente qualité, les chefs – petits ou grands (le Pays basque compte 10 étoilés, dont 6 sur la côte) – s'en donnent à cœur joie, faisant souvent de la saisonnalité et du circuit court leurs meilleurs alliés.

Piment d'Espelette

Le *biper gorri*, "poivre rouge", cultivé autour d'Espelette (p. 144), au piquant modéré, est utilisé dans de nombreuses recettes basques comme la piperade – tomates et oignons sur lesquels sont cassés et brouillés des œufs –, ou l'**axoa**, un plat mijoté à base de viande de veau ou d'agneau, d'oignons et de poivrons.

Viande

Le poulet basquaise – avec tomates, poivrons, piment d'Espelette, oignon et ail – est une autre spécialité locale.

La **palombe**, ou pigeon ramier, servie rôtie ou en salmis, se goûte au début de l'automne. Côté charcuteries, on retrouve le jambon de Bayonne, mais aussi, plus haut de gamme, le jambon Ibaïama et le jambon du Kintoa AOP.

Mer et eau douce

Rascasse, merlu, lotte, grondin et langoustines composent le **ttoro**, une soupe de poissons. Les chipirons, petits calamars, sont cuisinés avec des tomates, dans leur encre, poêlés à l'ail ou frits. Le **thon** est l'ingrédient essentiel du *marmitako* (tomates, oignons, ail, pommes de terre, poivrons, piment d'Espelette et vin blanc). Côté poissons d'eau douce, citons les truites de Banka, de la vallée des Aldudes, dont la chair fine se retrouve sur les meilleures tables.

Douceurs

Goûtez au gâteau basque, une pâte sablée, fourrée d'une crème pâtissière parfumée au rhum ou de confiture de cerises noires

d'Itxassou. Difficile de faire l'impasse sur le chocolat, qui est arrivé en France au XVIIe siècle via Bayonne, où les artisans chocolatiers sont nombreux.

La tradition

Le Bistrot des Halles (p. 45).

Chez Pablo *Txangurro* (gratin de crabe) et nappes à carreaux (p. 114).

Chez Mattin Décor rustique et *ttoro* (p. 131).

Saveurs iodées

Chez Albert Indétrônable (p. 47).

La Tantina de la Playa Les pieds dans l'eau (p. 92).

Itsas Zaldi (p. 139).

Sur le pouce

Le Garde-Manger Brunch et plats du jour (p. 70).

Manatee Bio (p. 44).

Coffee Muxu Produits fermiers et bio (p. 69).

Bar Providence Résidence de chefs (p. 101).

Caves à manger

EpoQ Incontournable (p. 47).

Elements Néo-taverne (p. 92).

Chéri Bibi Vins nature et petits plats (p. 44).

Cuisine du marché

La Table de Sébastien Gravé Créativité esthétique (p. 71).

Brasserie Basa Bistronomie abordable (p. 72).

L'Antre Tout fait maison (p. 92).

Instincts Minimalisme savoureux (p. 115).

Gastronomique

Auberge du Cheval Blanc Un classique (p. 74).

L'Atelier Étoilé avec vue (p. 48).

L'Impertinent Étoilé artistique (p. 48).

Les Frères Ibarboure Étoilé au jardin (p. 93).

Briketenia Étoilé familial (p. 102).

Le Kaïku Étoilé médiéval (p. 115).

Le Moulin d'Alotz Étoilé champêtre (p. 55).

Choko Ona Étoilé écolo (p. 145).

Activités nautiques

Berceau du surf en Europe, le Pays basque français voit déferler sur ses 38 km de côtes une belle variété de vagues, permettant aux novices comme aux initiés de prendre du bon temps. Si le surf y est sans conteste LE sport nautique de référence, il n'a cependant pas le monopole ! Le littoral offre en outre d'excellents spots de plongée, de voile, de kayak des mers et de stand-up paddle.

XABITOVAR / ISTOCKPHOTO.COM ©

Surf

Les écoles de surf jalonnent le littoral, d'Anglet à Hendaye. Comptez 40 € pour un cours collectif, 100 € pour un cours individuel et 180 € pour un stage de 5 jours. Préférez les écoles labellisées École française de surf.

Si vous avez déjà pris des cours et voulez surfer de manière autonome, consultez la météo et le calendrier des marées. Choisissez une zone à portée de vue des maîtres-nageurs sauveteurs (MNS). Ne surfez jamais seul et méfiez-vous des courants et des baïnes à marée descendante (voir aussi p. 150).

Les spots

Les vagues des 11 plages abritées d'**Anglet** sont les plus surfées de France ! La **plage des Cavaliers** optimise la houle mais est très fréquentée. Celle de la **Petite Chambre d'Amour** a la faveur des débutants.

Biarritz offre nombre de possibilités quelle que soit l'orientation du vent. Mythique, la **plage de la Côte des Basques** donne matière à s'amuser, mais est impraticable à marée haute. Le *beach break* de la **Grande Plage** est adapté aux débutants.

À Bidart, hormis les plages d'**Ilbarritz** et de l'**Uhabia**, la plupart des spots sont difficiles d'accès, mais réservent de bonnes surprises à qui sait éviter les rochers.

La longue droite de **Parlementia**, à **Guéthary**, fait partie de ces vagues pour lesquelles on vient de loin. Très appréciée pour sa régularité, elle est réservée aux surfeurs

LEGABATCH / FOTOLIA ©

confirmés et bien équipés capables d'affronter des murs d'eau à plus de 500 m du bord. La gauche des **Alcyons**, tout aussi puissante, éclate plus près du bord… et des rochers !

La **Lafitenia** à **Saint-Jean-de-Luz**, autre droite réputée mais difficile à surfer, se réveille les jours de bonne houle. Elle est protégée des vents de nord : attention, l'embouteillage est garanti au pic !

La Grande Plage d'**Hendaye** est le spot idéal pour les débutants : une longue plage de sable faiblement pentue où l'on peut perfectionner son *take-off* sur des déferlantes moins puissantes que sur les spots voisins.

Plongée

Parmi les sites phares de plongée, citons **Belharra** (18-25 m) et ses formidables canyons, entre Ciboure et Hendaye, et le plateau et les grottes d'**Arokka** (18-38 m), entre Saint-Jean-de-Luz et Guéthary.

Voile

Bien abrités, les plans d'eau des baies de Saint-Jean-de-Luz et de Txingudi (à Hendaye) sont propices à la pratique de la voile légère, tandis que la côte, le long de la Corniche basque, se prête aux sorties croisière.

Kayak et SUP

Les pointes rocheuses, constellées de petites criques, qui ferment la baie d'Hendaye (à l'est, les rochers des Deux Jumeaux et la baie de Loia ; à l'ouest, côté espagnol, le cap du Figuier) se découvrent, par mer calme, en kayak ou en paddle.

En famille

Destination festive et "plein air", la Côte basque se prête idéalement aux escapades en famille. Joies de la plage, stages nautiques, balades à vélo, découvertes en tout genre, voyage en petit train à l'assaut des Pyrénées... Les enfants auront de quoi s'occuper ! La cuisine basque, peu épicée et souvent déclinée sous forme de tapas, saura convaincre les plus difficiles, tandis que ses nombreuses douceurs raviront les gourmands !

LENAICK / STOCK.ADOBE.COM ©

Dans l'eau

Biarritz Cours de surf et Jardin des vagues sur la plage de la Côte des Basques (p. 35) dès 5 ans ; stages dès 7 ans sur la Grande Plage (p. 35).

Baie de Saint-Jean-de-Luz Abritée de la vigueur atlantique, idéale pour la baignade (p. 105).

Plage de la Madrague, Anglet Vaste ruban de sable fin, surveillé en été (p. 85).

Grande Plage d'Hendaye Le spot parfait pour débuter le surf (p. 137).

Yacht Club Basque et Centre nautique d'Hendaye Stages de voile dès 6 ans (p. 128 et p. 138).

Planet Ocean Baptêmes et randonnées palmées en famille (p. 138).

Plein air

Voie verte de la Nive Une balade à vélo champêtre (p. 67).

Atlantic Pirogue Tour de la baie de Saint-Jean-de-Luz en pirogue hawaïenne (p. 129).

Aquabalade Découverte de l'estuaire de la Nivelle en canoë-kayak ou en bateau électrique (p. 111).

Ascension de la Rhune Par le petit train à crémaillère (p. 121).

Découvertes

Aquarium de Biarritz Ne ratez pas le repas des phoques (p. 41).

Cité de l'Océan, Biarritz Réalité virtuelle, film 3D, simulateur de tempête... (p. 41).

Château Observatoire Abbadia Des ateliers d'astronomie le mercredi pour les 6-12 ans (p. 134).

Visites insolites

Château d'Urtubie Un *escape game* dans l'enceinte du château, dès 8 ans (p. 112).

Château Observatoire Abbadia Un jeu de pistes sur les traces d'Antoine d'Abbadie. (p. 134)

Pour les becs sucrés

Bayonne Capitale du chocolat (p. 62).

Henriet, Biarritz Les fameux "rochers" (p. 52).

Pariès, Saint-Jean-de-Luz Pour son gâteau basque (p. 118).

Prendre un verre et faire la fête

Sur la Côte basque, les festivités débutent à l'heure de l'apéro autour de quelques tapas. À Biarritz, la convivialité bat son plein dans le quartier des Halles, et sur les quais de la Nive à Bayonne. Sur la côte, c'est aussi dans les établissements du bord de mer que l'on vient pour un verre, pour profiter du coucher du soleil, ou d'un concert.

Apéro, tapas... et concerts

Bar du Marché Une institution du quartier des Halles de Biarritz (p. 49).

Plaza Berri Pour son toit-terrasse au calme et sa belle sélection de vins (p. 50).

Les Baigneuses Parties de pétanques, DJ sets... avec vue sur l'océan (p. 50).

Miguel Café D'excellents concerts rock et cocktails (p. 50).

Ibaïa Pour un verre de vin sur les bords de Nive (p. 74).

Chai Ramina Ce haut lieu des fêtes bayonnaises vaut autant pour son décor que pour son ambiance (p. 75).

Beach House Pour *chiller* au bord de la piscine en sirotant un cocktail (p. 82).

Blue Cargo On y vient au coucher du soleil pour l'apéro, on y reste pour danser (presque) sur le sable (p. 93).

Le Bar Basque Hemingway y avait ses habitudes, et son cocktail préféré (p. 116).

Le Bel Endroit Pour une after-session de surf sur fond de musique live (p. 113).

On danse ?

Le Caveau *Gay-friendly*, une référence à Biarritz (p. 51).

Carré Coast Le rendez-vous des branchés (p. 51).

Le Play Boys Club Plébiscité par les jeunes (p. 51).

Le Pintxo Pote

À Ciboure – et, depuis peu, également à Saint-Jean-de-Luz –, une fois par semaine, on se retrouve le soir entre amis pour le *Pintxo Pote* : certains bars offrent, en accompagnement d'un verre, un pintxo, ces petits toasts garnis, plantés d'un cure-dent. Voir aussi p. 131

Architecture

Outre la beauté de ses paysages – l'Atlantique tout-puissant et sa sentinelle pyrénéenne –, et la joyeuseté de son art de vivre, c'est aussi la diversité de son patrimoine bâti qui rend la Côte basque si séduisante. Témoin de la forte (et bien vivante) identité culturelle de la région, l'architecture du littoral fait également écho à son histoire et à son ouverture sur le monde.

Maison labourdine

Impossible d'appréhender la culture basque si l'on ne saisi pas le rôle de l'*etxe*, la maison, pilier de l'organisation sociale. Dans le Labourd, sa façade, enduite d'ocre ou blanchie à la chaux, est ornée de pans de bois – généralement couleur sang-de-bœuf. Recouvert de tuiles, le toit est très souvent dissymétrique.

Le Vieux Bayonne possède un chapelet de beaux exemples, notamment sur les quais de la Nive, tout comme le centre de Ciboure. Pour découvrir l'aménagement intérieur des maisons traditionnelles, rendez-vous au **Musée basque et de l'histoire de Bayonne** (p. 60).

Maison d'armateur

Pendant l'âge d'or de Saint-Jean-de-Luz, au XVIIe siècle, armateurs et marchands fortunés firent construire de belles demeures dans le quartier de la Barre, souvent surmontées d'une tour pour guetter l'arrivée des bateaux. Vous pourrez encore en admirer quelques-unes comme la **Lohobiague-Enea**, la Maison Louis XIV, où logea le roi-Soleil (p. 111), et la **Johanoenea**, la Maison de l'Infante, où séjourna Marie-Thérèse d'Autriche (p. 110).

Villas balnéaires

Dès le Second Empire, avec la mode des bains de mer et du thermalisme, émergent des stations touristiques répondant à la vogue de l'éclectisme, courant architectural qui emprunte à différents

CDT 64 / J.CAZENAVE ©

styles et époques. Biarritz, heureuse élue de l'impératrice Eugénie, n'échappe pas à la règle. Son cosmopolitisme en fait un carrefour expérimental : on y construit une église anglicane (qui héberge aujourd'hui le **Musée historique de Biarritz**, p. 40), une basilique russe (l'**église orthodoxe**, p. 33), une église d'inspiration mexico-byzantine (la **Chapelle impériale**, p. 33). Dans les années 1920, le style Art déco, caractérisé par ses lignes géométriques, ses mosaïques, ses boiseries travaillées et ses ferronneries, laisse aussi son empreinte sur Biarritz : l'**hôtel Plaza** (p. 154), le **casino** (p. 51) et l'**Aquarium de Biarritz** (p. 41) en sont de remarquables exemples. À l'orée du XIXe siècle et jusque dans les années 1950 prédomine également la maison néobasque, qui reprend, à l'extérieur, de manière ornementale, les formes de la maison traditionnelle labourdine. La **villa Arnaga** (p. 145) est l'un des premiers modèles de ce style, présent un peu partout sur la côte, et dont l'architecte Henri Godbarge (1872-1943) fut l'un des grands défenseurs.

Style éclectique

Biarritz Descendez l'avenue de l'Impératrice (p. 33) et baladez-vous autour du lac Mouriscot (p. 41).

Hendaye Visitez le Château Observatoire Abbadia (p. 134).

Art déco

Ciboure Découvrez la villa Leïhorra (p. 127) et la cité-jardin de la colline de Bordagain, foisonnante d'architectures, sur laquelle elle est implantée.

Plages

CDT 64 ©

De la grande étendue de sable blond à la petite anse sauvage, les 38 km de littoral basque égrènent plus d'une trentaine de plages, la plupart surveillées l'été, offrant des plaisirs variés. Surfer et se baigner, bien sûr, mais aussi se retrouver en famille – ou au calme –, admirer le coucher du soleil ou simplement discuter autour d'un verre... Tour d'horizon de nos spots préférés.

Pour se baigner

Biarritz Plage du Port-Vieux (p. 31).

Saint-Jean-de-Luz Grande Plage (p. 105).

Ciboure Plage de Socoa (p. 123).

Les familiales

Anglet Plages de la Petite Chambre d'Amour et de la Madrague (p. 85).

Biarritz Plage de la Milady (p. 35).

Saint-Jean-de-Luz Grande Plage (p. 105).

Ciboure Plage de Socoa (p. 123).

Les tranquilles

Guéthary Plages des Alcyons et du Cenitz (p. 100).

Saint-Jean-de-Luz Plage d'Erromardie (p. 105).

Hendaye Grande Plage (p. 137).

Les sauvages

Crique des Viviers, baie des pins, plage de Loya... le long de la Corniche basque (p. 125).

Surfeur débutant

Biarritz Côte des Basques et Grande Plage (p. 35).

Spots de surf mythiques

Biarritz Côte des Basques (p. 35).

Guéthary Plage de la Parlementia (p. 90).

Saint-Jean-de-Luz Plage de Lafitenia (p. 105).

À savoir

- L'océan Atlantique n'est pas sans danger ! Ne prenez pas houle et courants à la légère, et respectez un certain nombre de précautions : voir p. 150
- Quelques plages sont aménagées, l'été, pour les personnes à mobilité réduite, plus d'infos sur www.handiplage.fr

Randonnée

Destination de plein air par excellence, la Côte basque offre plus d'une occasion de lacer ses chaussures de marche. En premier lieu, son superbe sentier littoral : une randonnée, certes, relativement facile, mais vivifiante, qui peut se parcourir d'une traite ou par fractions. Mais que les mordus de dénivelés se rassurent : les premiers sommets du piémont pyrénéen – comme la Rhune (905 m) – sont seulement à deux pas.

P. GAILLARD / CDT 64 ©

Sentier du littoral

Il court de Bidart à Hendaye (p. 94), déroule 25 km de vues splendides sur l'Atlantique et les silhouettes du piémont pyrénéen. Sans difficulté particulière, il peut s'effectuer en une fois (6-7 heures) ou par portions, grâce au réseau de transport collectif de la côte.

Ascension de la Rhune

À 10 km de Saint-Jean-de-Luz, la Rhune (p. 120) fait l'objet de très belles randonnées. Si l'on atteint son sommet grâce au petit train à crémaillère, il est aussi relié à des sentiers balisés, parfois exigeants, comme le Larrungo Bidea, au départ d'Ascain.

Autour de Biriatou

Ce joli village (p. 142) adossé à la montagne, à 5 km au sud d'Hendaye, est le point de départ de circuits de randonnée tous niveaux confondus.

Villages du Labourd

Sare ou Espelette (p. 144), cernés par les massifs pyrénéens, offrent nombre d'itinéraires dont des circuits sportifs, comme le Mendiko Itzulia, menant au pic du Mondarrain.

À savoir

- L'application gratuite **itiNAQUI** (itinaqui.fr) détaille plusieurs itinéraires sur le secteur.
- Pour plus d'infos, consultez le site Internet randonnee.tourisme64.com

Vélo

La Vélodyssée, qui longe l'Atlantique au départ de Roscoff en Bretagne, vient terminer sa course sur le littoral basque. Si cet itinéraire cycliste balisé offre de jolis points de vue (notamment au niveau de la Corniche basque), il n'est pas l'unique voie d'accès aux joies du deux-roues sur la côte ! Celle-ci possède en effet quelques chemins de traverse...

BRAD PICT / STOCK.ADOBE.COM ©

Mobilité douce

Si les centres de Bayonne et de Biarritz se prêtent mieux aux explorations à pied, il est très agréable de passer d'une ville à l'autre à vélo ! À Bayonne, la piste cyclable qui longe l'Adour (p. 68) conduit d'une traite à celles du boulevard des Plages d'Anglet (p. 79). De là, pour rejoindre Biarritz, il suffit de suivre le boulevard de la Mer qui mène à l'avenue de l'Impératrice, tout en descente jusqu'à la Grande Plage. Un trajet interurbain aux doux airs de vacances...

Trouées vertes

À Bayonne, suivez la voie verte de la Nive (p. 67) jusqu'aux portes du Pays basque intérieur. À Anglet, les forêts du Lazaret et du Pignada (p. 81) sont traversées de voies vertes ! La voie verte de l'Uhabia (p. 91) à Bidart vous mènera au Moulin de Brassilour, réputé pour son gâteau basque.

Cap sur l'Espagne

La voie verte Le Chemin de la Baie (p. 139), à Hendaye, longe l'Atlantique et la baie de Txingudi, avant de traverser la Bidassoa jusqu'à Fontarrabie.

Location

Le système de location de vélos à assistance électrique en libre-service Vélibleu (voir aussi p. 149) a essaimé ses stations à Bayonne, Anglet, Biarritz, Bidart, Saint-Jean-de-Luz et Hendaye. Pour un loueur classique, rendez-vous p. 149.

Infos

velo.tourisme64.com

www.velodyssee.com

Pelote basque

Un peu partout au Pays basque, vous verrez – parfois, l'été, à l'heure de la sieste, ou le dimanche, lorsque le déjeuner s'éternise – des enfants frapper des balles contre le mur rose de la place du village (le fronton). La pelote basque, sport dont les origines remontent à l'Antiquité, est culturellement solidement ancrée. L'occasion de s'y initier, que ce soit dans les gradins, ou sur le terrain...

MEMLING / STOCK.ADOBE.COM ©

Sport multi-facettes

La pelote basque se décline en une quinzaine de spécialités : elle se pratique sans instrument, avec des raquettes ou des gants de tailles et de matériaux différents, avec des pelotes en cuir ou en gomme, face à un mur ou en face-à-face... Elle peut se jouer à l'extérieur (le fronton) ou dans des structures couvertes (trinquet, mur à gauche, *jaï alaï*...). Parmi les plus connues, citons la main nue (la base même du jeu), le chistera (gant en osier), la cesta punta (la plus rapide), la paleta gomme pleine, le pasaka (la plus ancienne, dérivée du jeu de paume), le xare...

Pour en savoir plus, rendez-vous à Saint-Pée-sur-Nivelle à l'**Écomusée de la Pelote et du Xistera Pilotari** (☎ 05 59 54 11 69 ; office du tourisme de Saint-Pée-sur-Nivelle, pl. du Fronton, rue Karrika ; adulte/5-12 ans 5/2,50 € ; ⏲ lun-sam 9h-11h30 et 14h-17h, dim 9h30-11h30 juil-août, 9h30-11h30 et 14h-16h30 reste de l'année lun-ven, également sam 9h30-11h30 avr-juin et sept).

Voir un tournoi

Bayonne Trinquet Saint-André, la plus vieille salle du jeu de paume de France (p. 67).

Biarritz Fronton Plaza-Berri et fronton du parc Mazon (p. 43).

Bidart Place de la Mairie, de fin juin à septembre (p. 87).

Biarritz Parc des sports d'Aguiléra, pour le tournoi Le Gant d'Or (p. 43).

Biriatou Juillet-août (p. 142).

Apprendre

Biarritz Athletic Club (p. 43) pour une initiation.

Bidart Avec Jon et Patxi d'Ona Pilota (p. 90) – initiation et perfectionnement –, deux anciens champions du monde.

Agenda

Fidèle à l'âme festive de ses habitants, le littoral basque offre de multiples occasions de célébrer la convivialité. Sur le calendrier, événements sportifs, culturels et artistiques se succèdent, satisfaisant toutes les envies, avec comme point d'orgue, fin juillet, les incontournables fêtes de Bayonne...

Janvier

Fipadoc (Festival international du film documentaire)

Biarritz L'ancien festival de l'audiovisuel Fipa (fipadoc.com/fr), établi en 1987 à Biarritz, se consacre désormais entièrement au documentaire audiovisuel. Il attire les professionnels du monde entier.

Février

Dream Market

Biarritz Le bar-trinquet Plaza Berri accueille 3 jours durant début février stands culinaires, bars à thèmes et concerts (facebook.com/DreamMarket64).

Avril

Foire au jambon

Bayonne Le rendez-vous des producteurs et des amateurs de jambon, relevé de concerts de musique traditionnelle et de concours sportifs et culinaires (foireaujambon.fr).

Quiksilver Maïder Arosteguy

Biarritz Cette compétition de surf (biarritzmaiderarosteguy.fr), la première de la saison après la trêve hivernale, se tient sur la Grande Plage.

Les Beaux Jours

Biarritz Depuis 2015, cet excellent festival met la musique classique, jazz et baroque à l'honneur, dans certains lieux emblématiques de la ville (facebook.com/lesbeauxjoursbiarritz).

Mai

Les Jours Heureux

Anglet Pendant le week-end de Pentecôte, ce festival jeune public dédié aux arts de la rue offre près d'une centaine de représentations à travers la ville (lesjoursheureux.info).

Juin

Journée de la glisse

Hendaye Pendant une journée, les sports de glisse, aquatiques comme terrestres, sont célébrés à travers un programme d'initiation et d'ateliers (journee-de-la-glisse.com).

Juillet

Internationaux de Cesta Punta

Saint-Jean-de-Luz En juillet et en août, les meilleurs joueurs de la discipline s'affrontent au *jaï alaï* de Saint-Jean-de-Luz (www.cestapunta.com).

International Surf Film Festival

Anglet Début juillet, 4 jours durant, des projections gratuites en plein air, des expositions et des concerts autour de la culture surf (surf-film.com).

Guitaralde

Hendaye Ce festival (3 jours début juillet) permet d'écouter, dans différents lieux d'Hendaye, des joueurs de guitare de talent, venus du monde entier (guitaralde.fr).

Fêtes de Bayonne

(fin juil ; fetes.bayonne.fr). Le grand rendez-vous de la ville, qui voit déferler en 5 jours près d'un million de *festayres*. Concerts, danses basques, courses de vaches, corsos lumineux, masters de pelote...

Août

Temporada de Bayonne

La saison taurine démarre dans la foulée des fêtes de Bayonne. Cavaliers et toreros régalent les aficionados dans les arènes (www.corridas.bayonne.fr).

La Littorale, Biennale d'art contemporain

Anglet D'août à octobre, des œuvres d'artistes internationaux investissent le littoral d'Anglet. Animations et spectacles. Prochaine édition en 2021 (lalittorale.anglet.fr).

Septembre

Festival Ravel

Saint-Jean-de-Luz (fin août-début sept). Ce festival de musique classique (festivalravel.fr) présente artistes reconnus et jeunes talents.

Le Temps d'Aimer

Biarritz Un rendez-vous fort de la danse dans la ville, où est implantée à l'année la compagnie de Thierry Malandain (dans la gare du Midi ; letempsdaimer.com).

Rat's Cup

Biarritz (début sept). Pendant 3 jours sur la Côte des Basques, compétition de surf, démonstrations de skateboard et concerts célèbrent la fin de l'été.

Festival de Biarritz Amérique latine

Biarritz Il a pour ambition de présenter le meilleur de la création cinématographique latino-américaine (festivaldebiarritz.com). Un écho aux liens de la région avec l'Amérique du Sud, où de nombreux Basques sont partis chercher fortune. Projections, marché d'artisans et stands de nourriture.

Fêtes de Bayonne

Anglet Jazz Festival

Quatre jours de concerts jazz de qualité, qui se concluent par un "Jazz sur l'herbe" dans le parc du château de Baroja (facebook.com/AngletJazzFest).

Octobre

Festival Points de Vue

Bayonne Un festival de *street art* (pointsdevue.eus) où artistes nationaux et internationaux s'expriment sur les murs de la ville. Circuits commentés et ateliers.

Oktoberfest

Anglet Tous les 2 ans, Anglet fête son jumelage avec la ville d'Ansbach en Bavière en reprenant, 4 jours durant, la tradition munichoise de la fête de la bière. La prochaine est prévue en 2022.

Biarritz et la Côte basque

Jour 1

JEAN-CHRISTOPHE DULOT / FOTOLIA ©

Démarrez votre périple à **Biarritz**, comme il se doit : par une session de surf sur la Côte des Basques (p. 35). Les sports de glisse ne vous inspirent pas ? Montez au **phare** (p. 40) embrasser la côte des yeux, puis plongez dans le passé impérial (p. 32) de la ville. Après un tour au **musée historique de Biarritz** (p. 40), attablez-vous au Bistrot des Halles (p. 45), chez Manatee (p.44) ou au Café Basque (p.47). L'après-midi, passez chez Henriet (p. 52) pour quelques achats gourmands, puis promenez-vous le long de la **corniche** (p. 36). En chemin, faites halte, avec les enfants, à l'**Aquarium de Biarritz** (p.41). Enfin, prenez l'apéro dans le quartier des Halles, avant de dîner chez EpoQ (p. 47) ou à L'Impertinent (p. 48).

Jour 2

YVANN K / FOTOLIA ©

Cap sur **Bayonne** ! Prenez le pouls de la ville dans son centre historique (p. 58) sans manquer d'y faire provision de chocolats (p. 62). Visitez la **cathédrale** (p. 59), le **Musée basque** (p.60), puis plongez dans l'effervescence des **halles** (p. 76). Pour déjeuner, arrêtez-vous à la Brasserie Basa (p. 72), à La Table de Sébastien Gravé (p. 71) ou chez Patxamama (p. 71). Pour digérer, louez un vélo (p. 149) et longez l'Adour jusqu'à Anglet (p. 68). Prenez un bouffée d'Atlantique et de pinède, et faites une pause-café à La Torref' (p. 84). Retournez à Bayonne pour un verre sur les bords de Nive et pour dîner au Chistera (p. 70), L'Inattendu (p. 73) ou à L'Auberge du Cheval Blanc (p. 74), avant un spectacle à La Luna Negra (p. 75).

en 4 jours

P. GAILLARD / CDT 64 ©

Aujourd'hui, un peu de marche ! Admirez la jolie place de **Bidart** (p. 87) puis rejoignez le **sentier du littoral** (p. 94) qui vous mènera jusqu'à **Guéthary** (p. 97). Vous succomberez sûrement au charme de ce village de pêcheurs : découvrez son histoire dans son musée (p. 99) et restez-y déjeuner – au Poinçon (p. 102), chez Txamara (p. 102) ou au Briket'Bistrot (p. 102). Faites la sieste sur l'une de ses plages (p. 100) et (si c'est marée basse) piquez-y une tête, avant de reprendre le sentier à votre rythme jusqu'à **Saint-Jean-de-Luz** (p. 105). Admirez la vue depuis la pointe Sainte-Barbe et baladez-vous jusqu'au port de pêche (p. 107). Pour dîner, prenez place chez Pablo (p. 114) ou Etxe Nami (p. 115).

RÉGIS COUTURIER ©

Levez-vous tôt et poursuivez votre exploration à pied, d'abord au cœur des ruelles de **Ciboure** (p. 123), puis le long de la route de la Corniche (p. 124) jusqu'au fascinant **Château Observatoire Abbadia** (p. 134). Prenez le bus pour revenir à Ciboure et déjeuner face à la baie : chez Alaïa (p. 130) ou à L'Ephémère (p. 131). L'après-midi, restez à **Saint-Jean-de-Luz** pour profiter des joies de la plage et des activités nautiques (p. 111)... voire, s'il vous reste de l'énergie, visiter la "Maison Louis XIV" (p. 111). Enfin, pour cette dernière soirée, offrez-vous un dîner de gala : Le Kaïku (p. 115), Instincts (p. 115), Briketenia (p. 102), Les Frères Ibarboure (p. 93), L'Atelier (p. 48)... sur la côte, les choix ne manquent pas !

Côte basque

Anglet (p. 79)
La "petite Californie" affiche un chapelet de 11 plages, un superbe golf, deux pinèdes et un mode de vie décontracté.

Saint-Jean-de-Luz (p. 105)
L'élégante cité corsaire s'ouvre sur une baie abritée, où l'on peut s'adonner sereinement aux plaisirs de la baignade et des sports nautiques.

Hendaye (p. 133)
La moins coquette des villes de la Côte basque est aussi le meilleur spot pour apprendre à surfer... Et pour sortir boire un verre en Espagne !

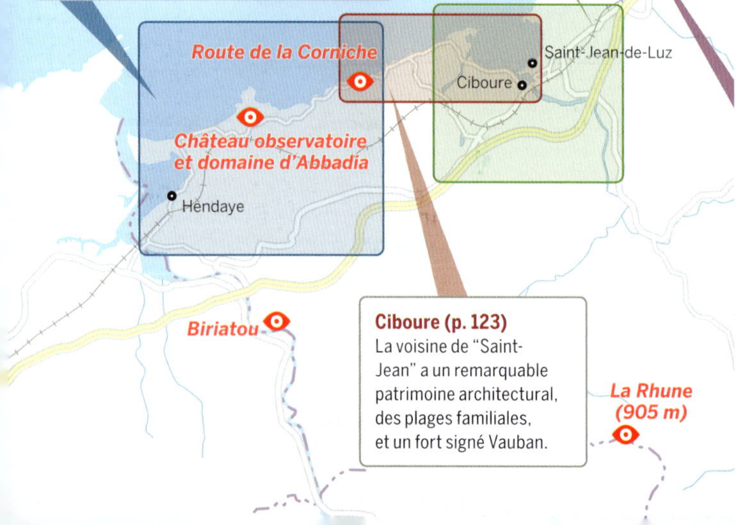

Ciboure (p. 123)
La voisine de "Saint-Jean" a un remarquable patrimoine architectural, des plages familiales, et un fort signé Vauban.

Bayonne (p. 57)
Capitale culturelle très séduisante, Bayonne invite à flâner dans son centre historique et le long de ses quais, et à jouir du savoir-faire de ses chefs de talent.

Arcangues

Bidart

Biarritz (p. 31)
Chic, sportive et gourmande, citadine et sauvage, l'ancienne cité impériale reconvertie en "surf city" joue, avec singularité et brio, de ses ambivalences.

Bidart (p. 87)
Un centre labourdin typique, de belles plages et de bonnes tables… Bidart fait peu de bruit, et pourtant ne manque pas d'arguments !

Cambo-les-Bains

Espelette

Guéthary (p. 97)
Avec son port adorable, sa vague mythique et ses excellents restaurants, le plus petit village de la Côte basque séduit les branchés… Et les autres, qui évitent la haute saison.

Explorer

Biarritz et la Côte basque

Vaut le détour

Les plus belles promenades à pied

Biarritz (p. 31)

Explorer

Biarritz

Ancien port baleinier, Biarritz devient, à la fin du XIXe siècle, grâce à l'impératrice Eugénie, tombée sous le charme des lieux, "la reine des plages et la plage des rois". Une aura aristocratique qui perdure jusqu'à la Belle Époque et a laissé son empreinte sur la ville. Désormais tournée vers le tourisme haut de gamme et la surf culture, Biarritz tient son charme à son élégance teintée de nonchalance.

Démarrez par un cours de surf (p. 34) ou par une visite de la Cité de l'Océan (p. 41) et de l'Aquarium de Biarritz (p. 41). La faim se fait sentir ? Filez chez Palm (p. 48) ou chez Manatee (p. 44), puis explorez la ville à pied : grimpez au phare (p. 40), admirez les villas de l'avenue de l'Impératrice... Faites une halte gourmande chez Henriet (p. 52) avant de poursuivre le long de la corniche jusqu'à la Côte des Basques (p. 35). Prenez l'apéro chez Chéri Bibi (p. 44) ou dans l'animé quartier des Halles et terminez en beauté chez EpoQ (p.47), à L'Atelier (p. 48) ou à L'Impertinent (p. 48).

Comment y aller

À 5 km du centre-ville, la gare de Biarritz est desservie chaque jour par des TGV et TER en provenance des grandes villes de France.

L'**aéroport de Biarritz-Pays basque** (☎ 05 59 43 83 83 ; www.biarritz.aeroport.fr) est implanté à 3 km du centre-ville.

Les bus **Chronoplus** (☎ 05 59 52 59 52 ; chronoplus.eu) desservent le centre-ville depuis la gare et l'aéroport.

Plan de Biarritz p. 38

Biarritz à la fin du jour BORIS STROUJKO / STOCK.ADOBE.COM ©

Les incontournables

Patrimoine impérial

De toute la Côte basque, Biarritz est la ville la plus marquée par le sceau aristocratique. Son histoire est intimement liée à celle de l'impératrice Eugénie, qui, déjà enfant, appréciait ses rivages. En 1856, elle persuade Napoléon III d'y faire édifier une somptueuse villa, qui deviendra la résidence estivale du couple, attirant dans son sillage les familles les plus fortunées d'Europe.

PLAN P. 38

Du centre-ville, prenez la navette Saint-Charles (chronoplus.eu), gratuite, jusqu'au phare, et commencez votre exploration en descendant l'avenue de l'Impératrice.

Chapelle impériale

Cette belle **chapelle** (☎ 05 59 22 37 10 ; rue des 100-Gardes ; tarif plein/-16 ans 3 €/gratuit ; ⏲ juin-sept mar, jeu et sam 14h-18h et 1er dim du mois 10h-13h, avr-mai et oct jeu et sam 14h-18h et 1er dim du mois 10h-13h, mars sam 14h-17h, sam 14h-18h), construite en 1864 à la demande d'Eugénie, est consacrée à la Vierge noire du Mexique, Notre-Dame de Guadalupe, rappelant l'engagement militaire français au Mexique à cette époque. Elle recèle une ornementation atypique mêlant les styles romano-byzantin et hispano-mauresque. Entre autres éléments décoratifs remarquables, les mosaïques et azulejos, directement inspirés par ceux de l'Alhambra à Grenade.

Hôtel du Palais

Face à la Grande Plage, l'**hôtel du Palais** (1 av. de l'Impératrice) se trouve à l'emplacement de la villa Eugénie, l'ancienne résidence impériale, détruite par un incendie en 1903. Il a été construit en 1904-1905 par Édouard-Jean Niermans, l'architecte du Negresco à Nice, qui s'est inspiré du palais d'origine.

Église orthodoxe de Biarritz

Derrière l'hôtel du Palais, cette **église néobyzantine** (☎ 05 59 24 16 74 ; eglise-orthodoxe-biarritz.com ; 8 av. de l'Impératrice ; ⏲ mar, jeu et dim 15h30-18h30, sam 15h30-18h, offices sam 18h et dim 10h), surmontée d'un dôme, a été bâtie en 1892 sous l'impulsion de la communauté russe de Biarritz et du tsar Alexandre III lui-même. Elle a été classée monument historique en 2016.

Avenue de l'Impératrice

Dans cette avenue qui dévale le bord de mer du phare jusqu'à la Grande Plage, ce n'est pas l'océan qui s'offre en spectacle, mais l'avalanche de styles architecturaux des imposantes villas, témoins de l'époque fastueuse de Biarritz.

★ À savoir

- Il est possible de visiter – sur réservation – la Chapelle impériale accompagné d'un guide (mars-déc, 2e sam du mois 11h-12h ; 6 €) et d'y associer la découverte du quartier (mars-déc, 4e sam du mois 10h30-12h ; 9 €).
- Pour goûter furtivement au luxe de l'hôtel du Palais, offrez-vous un soin au **Spa impérial** (p. 44).
- Pour en savoir plus sur la destinée aristocratique de la ville, allez au **Musée historique de Biarritz** (p. 40).

✕ Une petite faim ?

À l'instar des mondains de jadis, prenez le thé face à l'océan à la pâtisserie **Miremont** (☎ 05 59 24 47 97 ; 1 B place Georges-Clemenceau), fondée en 1878, qui a conservé ses riches décors d'époque, classés aux monuments historiques.

Les incontournables

Du surf, rien que du surf

En 1956 à Biarritz, lors du tournage du film Le soleil se lève aussi, *le scénariste américain Peter Viertel fait découvrir le surf à quelques habitants. En 1959, le Waïkiki Surf Club, premier du genre en Europe, y est créé par les pionniers français, les "tontons surfeurs". Peu à peu, le surf devient le sport de référence, métamorphosant la ville en une "Surf City" reconnue dans le monde entier.*

Comptez 40 € pour un cours collectif, 120 ou 180 € pour un stage de 3 ou 5 jours.

La Côte des Basques

Berceau du surf européen, presque sauvage avec ses hautes falaises, la Côte des Basques offre, malgré l'affluence estivale, un cadre de rêve pour débuter. Vous y trouverez un grand choix d'écoles, comme celle de **Jo Moraïz** (☎ 06 62 76 17 24 ; www.jomoraiz.com), doyenne du site (depuis 1966).

La Grande Plage

Protégée par les rochers (et bondée l'été), la Grande Plage est idéale pour les débutants. C'est aussi un bon spot de repli en cas de forte houle ou de vent du sud. L'école de Quiksilver, **Tropical Euskadi** (☎ 06 08 74 51 28 ; 68 bd du Général-de-Gaulle), y est notamment basée.

Plages de Marbella et de la Milady

Ces deux belles plages attenantes, plutôt réservées aux surfeurs plus aguerris (notamment en raison des courants), regroupent également de bonnes écoles.

Centre Shining Surf et Bien-Être

Dans son **centre** (☎ 06 09 88 43 92 ; 25 bd du Général-de-Gaulle ; stage 3-10 ans 3-5 jours 120-180 €, cours particuliers 120 €, perfectionnement 10 séances 500 €), Amandine Sanchez, ancienne surfeuse professionnelle, propose cours particuliers, stages en mini-groupes pour les tout-petits, cours de perfectionnement collectifs... Mais aussi préparation physique, séances de yoga, ostéopathie, massages.
Le must pour se mettre au surf – générosité et authenticité comprises.

Biarritz Quiksilver Maïder Arosteguy

Cette compétition renommée, l'une des plus anciennes d'Europe, se tient chaque année à Pâques sur la Grande Plage. Elle rassemble les meilleures figures de la discipline.

★ À savoir

- Immergez-vous dans la culture surf à **La Maison du surf** (☎ 06 13 55 08 29 ; 48 rue Louis-Mariano) sur la Côte des Basques : expositions, ateliers et rencontres y sont programmés.
- Pour chevaucher des vagues mythiques en réalité virtuelle, rendez-vous à la **Cité de l'Océan** (voir p. 41).
- En septembre sur la Côte des Basques, la **Rat's Cup** mêle compétition de surf et concerts.
- Pour connaître les écoles membres d'**Handi Surf**, rendez-vous sur le site www.handi-surf.org

Une petite soif ?

Posez-vous chez **Etxola Bibi** (☎ 06 09 63 15 98 ; square Jean-Baptiste-Lassalle), pour la vue au coucher du soleil, ou au **Debololo** (☎ 06 27 78 13 12 ; imp. Marbella), pour vous mêler aux habitants.

Promenade à pied

Promenade le long de la corniche

Le grand plaisir à Biarritz, qu'importe la saison ou le moment de la journée, est de longer son littoral à pied et de s'enivrer de la vigueur de l'Atlantique. Malgré un environnement citadin, le front de mer réserve des vues sauvages et féeriques. Aménagé pour la promenade, jalonné de curiosités architecturales et historiques, il offre de multiples occasions de faire halte, pour boire un verre, se baigner, ou simplement pour contempler l'océan.

La promenade

Départ La Grande Plage

Arrivée La Côte des Basques

Distance et durée 4 km ; aussi longtemps qu'il vous plaira

❶ La Grande Plage

Bordée l'été de nombreuses tentes rayées, la Grande Plage prend le soir, sur sa jetée, des allures de *passeggiata* à l'italienne, notamment devant le casino municipal au style Art déco (ne manquez pas d'aller voir le très beau hall ouvert au public).

❷ Le port des Pêcheurs

Créé en 1870, grâce à une donation impériale, le port est bordé de pittoresques crampottes, petites maisons de pêcheurs colorées, et dominé par l'église gothique Sainte-Eugénie, qui fut achevée en 1903. Les restaurants et les terrasses y sont très animés l'été.

❸ La pointe de l'Atalaye

Le bord de mer, avec ses charmants balcons en pierre, est ici caractéristique du style Second Empire. De jolies allées se fraient un passage parmi les tamaris et les hortensias. On parvient alors au plateau de l'Atalaye, d'où les pêcheurs guettaient autrefois les baleines.

❹ Le rocher de la Vierge

Ce rocher emblématique de la ville, surmonté d'une statue de la Vierge, érigée par Napoléon III, se rejoint par une passerelle métallique. Le panorama sur le littoral est sublime et, par beau temps, on aperçoit l'Espagne. Impressionnant en cas de houle, le site n'est pas accessible par gros temps.

❺ Le Port-Vieux

Connu dès le XIIe siècle pour la chasse à la baleine, le premier port de la ville verra son activité décliner avec le traité d'Utrecht (1713), qui cède Terre-Neuve aux Anglais, et la disparition des cétacés des côtes basques. Au début du XIXe siècle, cette anse a été aménagée pour la baignade. De nombreux Biarrots ont appris à nager dans cette "piscine" à ciel ouvert. Les membres du club des Ours blancs (fondé en 1929 ; www.lesoursblancsbiarritz.fr) viennent, été comme hiver, y piquer une tête.

❻ La villa Belza

Sur le rocher Cachaous se détache la fantasmagorique silhouette de la villa Belza, avec son donjon coiffé d'ardoise et sa tourelle d'angle. Cette fantaisie architecturale de la fin du XIXe siècle, aujourd'hui privée, abritait dans les Années folles un cabaret russe.

❼ La Côte des Basques

Aussi mythique pour le surf que pour son coucher de soleil, la Côte des Basques ouvre, du haut de son escalier dit des "100 marches", une perspective grandiose sur le piémont pyrénéen. La plage disparaît complètement à marée haute, tandis qu'à marée basse on peut rejoindre à pied les plages de Marbella et Milady. Le boulevard du Prince-de-Galles qui la longe, partiellement rendu piéton, permet de profiter pleinement du site, même à marée montante.

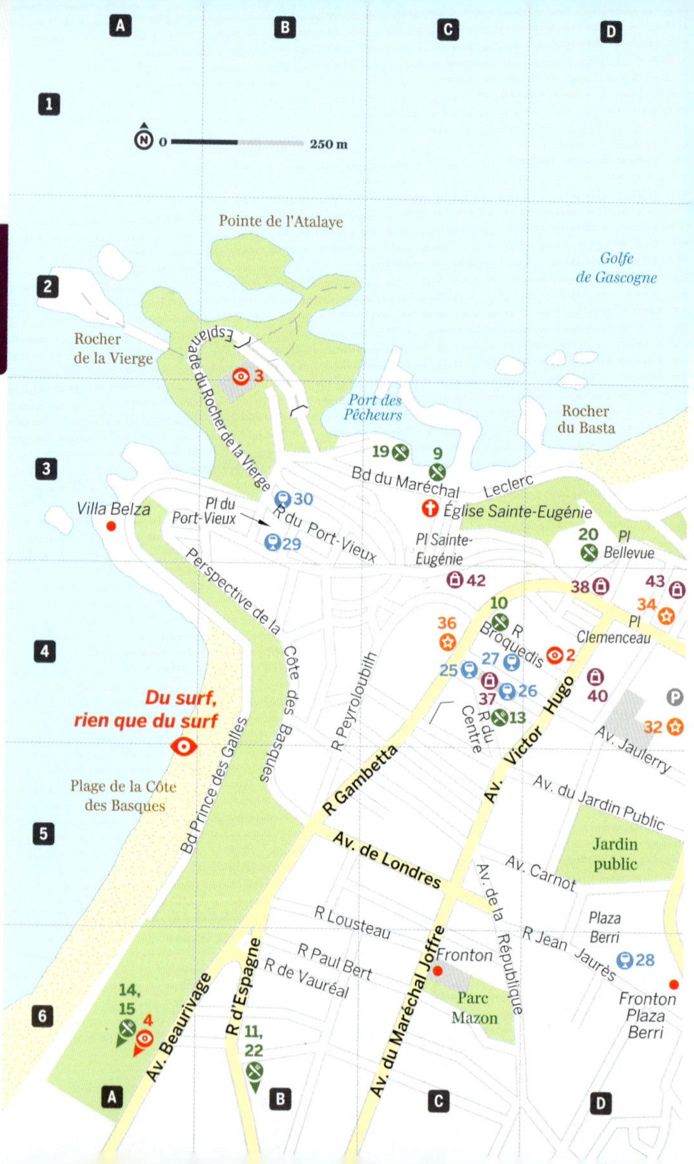
A
B
C
D
1
2
3
4
5
6
0
250 m
Pointe de l'Atalaye
Golfe de Gascogne
Rocher de la Vierge
Esplanade du Rocher de la Vierge
3
Port des Pêcheurs
Rocher du Basta
19
9
Bd du Maréchal Leclerc
Villa Belza
Pl du Port-Vieux
30
R du Port-Vieux
29
Église Sainte-Eugénie
Pl Sainte-Eugénie
20
Pl Bellevue
42
38
43
34
Pl Clemenceau
10
36
R Broquedis
2
27
25
26
37
40
13
R du Centre
Av. Victor Hugo
32
Av. Jaulerry
Perspective de la Côte des Basques
R Peyroloubilh
Du surf, rien que du surf
Plage de la Côte des Basques
Bd Prince des Galles
R Gambetta
Av. du Jardin Public
Jardin public
Av. de Londres
Av. Carnot
Av. de la République
Plaza Berri
R Lousteau
R Jean Jaurès
28
R Paul Bert
R de Vauréal
Fronton
Parc Mazon
Fronton Plaza Berri
R d'Espagne
14, 15
4
11, 22
Av. Beaurivage
Av. du Maréchal Joffre

E
F
G
H
1
2
3
4
5
6
Plage Miramar
La Grande Plage
Allée Winston Churchill
Av. Alphonse XIII
R Louison-Bobet
Av. de l'Impératrice
Hôtel du Palais
Chapelle impériale
R Lavigerie
R Sarasate
R d'Alsace
R de la Bergerie
Quai de la Grande Plage
Bd du Général de Gaulle
Église orthodoxe de Biarritz
Av. de la Reine Victoria
Av. Albert 1er
Av. Édouard VII
Av. de la Marne
Office du tourisme
Hôtel de Ville
R L Barthou
Square d'Ixelles
R de Frias
Av. Joseph Petit
Av. de Verdun
Maréchal Foch
R du Helder
R Jean Bart
R Ambroise Paré
R Jules Ferry
Ancienne gare du Midi
Av. Charles Floquet
R Cardan
R Pringle
RG Petit
Av. du
Gare SNCF de Biarritz
1
5
6
7
8
12
16
17
18
21
23
24
31
33
35
39
41
Nos adresses
Les incontournables p. 32
Voir p. 40
Activités p. 42
Se restaurer p. 43
Prendre un verre p. 48
Sortir p. 51
Shopping p. 52

Voir

Phare

PANORAMA

1 PLAN P. 38, H1

À l'extrémité de la pointe Saint-Martin, ce phare édifié en 1834, haut de 44 m, est télécontrôlé depuis le port de Bayonne et marque la séparation entre les grandes plages sablonneuses des Landes, du côté d'Anglet, et la côte plus rocheuse du Pays basque. Pour jouir d'un panorama époustouflant sur la ville et la mer, il faut gravir 248 marches. Quelques-unes des plus belles villas biarrotes se trouvent près du phare. (05 59 22 37 10 ; esplanade Élisabeth-II ; tarif plein/-12 ans 2,50/2 € ; juil-août tlj 10h-13h30 et 14h-19h, mai-juin et sept tlj 14h-18h, oct-avr sam-dim 14h-17h et vac scol tlj 14h-17h)

Musée historique de Biarritz

HISTOIRE LOCALE

2 PLAN P. 38, D4

Aménagé dans une ancienne église anglicane, ce musée associatif s'est récemment offert un lifting bienvenu. Moderne et épurée, la nouvelle scénographie raconte, à travers objets, photos et gravures, comment un petit village de pêcheurs et d'agriculteurs est devenu en 1854 une station balnéaire impériale. (05 59 24 86 28 ; www.musee-historique-biarritz.fr ; Saint Andrew's, rue Broquedis ; tarif plein/réduit 6/4 € ; mar-sam, juil-août 10h-13h et 14h30-18h30, sept-juin 10h-12h30 et 14h-18h30)

Aquarium de Biarritz

PHOTOHAMPSTER / ISTOCKPHOTO.COM ©

Aquarium de Biarritz

MUSÉE DE LA MER

3 PLAN P. 38, B2

Ce musée, datant de 1935, aux belles lignes Art déco, a doublé sa surface d'exposition en 2011. Aux aquariums permettant d'observer plus de 150 espèces de poissons du golfe de Gascogne (hippocampes, poulpes, raies, mérous...) s'ajoute désormais un parcours avec le Gulf Stream pour fil conducteur, permettant de découvrir de curieuses créatures venues des mers chaudes, et un grand bassin où évoluent raies, requins et barracudas. L'animation phare reste le repas des phoques (à 10h30 et 17h) sur la terrasse. Également, des salles consacrées à l'histoire maritime de la ville et à la pêche à la baleine. (05 59 22 75 40 ; www.aquariumbiarritz.com ; esplanade du Rocher-de-la-Vierge ; tarif plein/réduit et 13-17 ans/4-12 ans 15/13/11 €, gratuit -4 ans, billet combiné Cité de l'Océan tarif plein/réduit et 13-17 ans/6-12 ans/4-5 ans 24/20/16/11 € ; tlj, juil-août 9h30-22h, sept-juin 9h30-19h)

Cité de l'Océan

MUSÉE HIGH-TECH

4 PLAN P. 38, A6

Face à la plage de la Milady, cette vague de béton et de verre (2011), œuvre de l'architecte new-yorkais Steven Holl, abrite un espace de 2 000 m² dédié à la connaissance de l'océan. La visite, à haute teneur scientifique, s'appuie sur des technologies interactives ultramodernes, comme le casque de réalité augmentée qui permet de surfer une vague virtuelle. Le film en 3D – lors de notre passage, *Lion de mer, un destin fragile* –, la base sous-marine aux allures de Nautilus ou encore le simulateur de tempête plairont aux enfants. (05 59 22 75 40 ; www.citedelocean.com ; 1 av. de la Plage, la Milady ; tarif plein/réduit et 13-17 ans/6-12 ans 13/11/9 €, billet combiné Aquarium de Biarritz tarif plein/réduit et 13-17 ans/6-12 ans/4-5 ans 24/20/16/11 € ; tlj juil-août 10h-20h, avr-juin, sept-oct et vac scol 10h-19h, fév-mars et nov-déc 14h-19h, fermé 3 sem jan)

Le chemin des lacs

Loin de son image de cité océane, Biarritz recèle, en plein centre-ville, deux lacs quasi attenants : le lac Marion et le lac Mouriscot. Propriétés du Conservatoire du littoral, cernés d'une nature en partie classée Natura 2000, ils font le bonheur des joggeurs, mais aussi, côté Mouriscot, des amoureux d'ornithologie et des cossues villas XIXe siècle. Depuis la plage de la Milady, une boucle de 8 km (disponible sur ville.biarritz.fr) permet de rejoindre les deux lacs et d'échapper ainsi à l'agitation du bord de mer.

Musée Asiatica

ART ASIATIQUE

5 PLAN P. 38, E6

Ne vous fiez pas à la façade un peu triste de ce musée : il recèle une précieuse collection d'objets originaires du Tibet, de Chine, d'Inde et du Népal. Statues, bas-reliefs, mandalas, textiles, jades jalonnent ce parcours fort intéressant, à la fois chronologique et didactique. C'est une foisonnante plongée culturelle, artistique et religieuse au cœur de ces pays d'Asie ! Comptez au moins une bonne heure et demie pour la visite – idéale les jours où le temps est capricieux. (05 59 22 78 78 ; www.musee-asiatica.com ; 1 rue Guy-Petit ; tarif plein/13-25 ans/8-12 ans 10/8/2 €, gratuit -8 ans ; mai-oct mar-dim 14h-18h30)

Activités

Piscine Émile-Lamothe

PISCINE COUVERTE

6 PLAN P. 38, E3

Idéale lorsqu'il pleut, cette piscine à l'eau de mer chauffée offre une vue sur la Grande Plage à travers ses larges baies vitrées. Hammam, Jacuzzi et sauna. Entrées à la journée. (05 59 22 52 52 ; bd du Général-de-Gaulle ; tarif plein/réduit 3,10/1,70 € ; entrée piscine et spa 13,50 €)

Golf Biarritz Le Phare

18 TROUS

7 PLAN P. 38, H1

Aménagé en 1888, voici l'un des golfs les plus mondains de la Côte basque. Il accueille chaque année en juillet la Biarritz Cup, la

Surf et villa Belza

MORGAN-TIPHAINE / STOCK.ADOBE.COM ©

Où voir les pelotaris ?

En juillet et en août, vous pourrez assister à des parties de main nue et de pala au **fronton Plaza-Berri** (42 av. Foch ; mar 21h) programmées par le club **Biarritz Tarrak** (05 59 22 17 07), ainsi que de Grand Chistera au **fronton du parc Mazon** (jeu 21h) organisées par le **Biarritz Athletic Club** (06 76 56 19 67). Des tournois de *cesta punta* se déroulent aussi régulièrement à l'**Euskal-Jaï** (05 59 23 91 09 ; www.cesta-punta.com ; rue Cino-del-Duca) du parc des sports d'Aguiléra, en particulier le **Gant d'Or**, une compétition qui réunit l'été les meilleurs joueurs mondiaux de la discipline. Si vous voulez mettre la main à la pelote, sachez que le **Biarritz Athletic Club** propose également à l'Euskal-Jaï Aguiléra des initiations de 2 heures (15 € ; sur inscription).

plus ancienne épreuve française réservée aux amateurs. Le **Golf Pass** (fr.biarritz-destination-golf.com) vous permet de jouer de 2 à 8 parcours à un tarif préférentiel. Il est valable toute l'année sur une quinzaine de parcours dont celui de Biarritz, d'Arcangues (p. 55) ou encore de Bayonne (p. 68). (05 59 03 71 80 ; www.golfbiarritz.com ; 2 av. Édith-Cavell ; green-fee tarif plein/-21 ans et étudiant 65-80/32,50-40 € ; 8h-20h l'été, 8h-19h hors saison, fermé mar sauf vac scol)

Se restaurer

Open Gare — SUR LE POUCE €

8 PLAN P. 38, F6

Géré par l'association Les Chemins de Faire, ce tiers-lieu écoresponsable, situé dans la gare de Biarritz, fait à la fois atelier, boutique de créateurs locaux, espace de coworking et café. Sa déco récup' lumineuse et sa carte simple, à tendance végétarienne/-lienne, se prêtent idéalement aux pauses gourmandes : smoothies bowls, salades, sandwichs, soupes, plat du jour, desserts maison... (05 54 03 01 99 ; opengarebiarritz.com ; 18 allée du Moura ; petit-déj 5,50-8,50 €, plats 6,50-12 €, formules 13-16 € ; mer-dim 9h-17h30, mar-sam hors saison)

Crampotte 30 — TAPAS ET VINS €

9 PLAN P. 38, C3

L'adresse idéale pour profiter de l'ambiance du port des Pêcheurs. Tapas, "rations" chaudes et pintxos sont concoctés avec les produits de saison achetés aux halles le matin même. Belles assiettes de charcuterie et de fromage, qui s'accompagnent sans peine d'un petit ballon ou d'une bière artisanale. (05 40 07 06 52 ; port

Du vélo... à la thalasso

Louison Bobet (1925-1983), multiple champion cycliste dans les années 1950, est intimement lié à l'histoire balnéaire de Biarritz. En 1961, il est en effet victime d'un grave accident de voiture qui lui vaudra un virage professionnel à 360° ! Convaincu des vertus de l'eau de mer qui participera à sa guérison, il fonde en 1964 à Quiberon l'un des premiers centres de thalassothérapie de France qui remporte un franc succès. Il en ouvrira d'autres dont, en 1979, celui de Biarritz. Depuis, la ville fait toujours référence en la matière. Ses centres proposent notamment des soins à la carte et la possibilité de profiter de leurs infrastructures à la demi-journée :

Thalmar (☎ 08 25 12 64 64 ; thalmar.com). Espace fitness et aquatique avec bassins d'eau de mer chauffée, sauna et hammam.

Sofitel Biarritz Le Miramar (☎ 05 59 41 30 01 ; www.sofitel.com). Piscines extérieure et intérieure chauffées, sauna, Jacuzzi, hammam, solarium.

Spa impérial de l'hôtel du Palais (☎ 05 59 41 64 00 ; www.hotel-du-palais.com). 3 000 m² dédiés au bien-être, le comble du luxe.

des Pêcheurs ; plats 4-22 € ; ⏲ juil-août tlj sauf jours de pluie, avr-juin et sept-oct mar-dim)

Manatee — COFFEE SHOP GOURMET €€

10 PLAN P. 38, C4

Dans ce petit espace contemporain tout en blanc et bleu, on se régale de plats frais, légers et esthétiques, favorisant la saisonnalité et le circuit court. Également une formule petit-déjeuner le matin, brunch le dimanche, et des en-cas salés ou sucrés l'après-midi. (☎ 05 24 33 03 06 ; www.manatee-biarritz.fr ; 13 rue Gambetta ; petit-déj 13 €, brunch 24 €, plats 15-18 € ; ⏲ lun-sam 9h-19h, dim 10h30-19h, fermé mer-jeu)

Chéri Bibi — CAVE LOCAVORE €€

11 PLAN P. 38, B6

Sur l'un des murs, une étagère de bouteilles – vins naturels pour la plupart ; sur le tableau noir, une courte liste de plats frais et locavores, complétée, le soir, par quelques planches et conserves, pour la mise en soif. Une recette détendue et amicale, au diapason de l'atmosphère, qui donne gentiment le sourire aux papilles et a tôt fait de convertir cette adresse en repaire d'habitués. (☎ 05 59 41 24 75 ; facebook.com/cheribibibtz ; 50 rue d'Espagne ; formule/menu midi 17/20 €, plats 13 €, planches 5-10 € ; ⏲ tlj en saison, lun-ven et sam soir hors saison)

Chez Pilou

BISTROT €€

12 PLAN P. 38, E4

Un bistrot typé et resté heureusement dans son jus, et les bons petits plats qui vont avec : côte de veau, poêlée de chipirons, oreille de cochon confite au calamar... La salle à l'avant côté bar a plus de cachet. (05 59 24 11 73 ; 3 rue Larralde ; plat/formule du jour 11/14 €, plats 15,50-25 € ; été mar-ven et le soir sam-dim, mar-sam reste de l'année)

Le Bistrot des Halles

TERROIR €€

13 PLAN P. 38, C4

À deux pas des halles, un vrai bistrot à l'ancienne avec comptoir en bois à l'entrée, affiches taurines et vieilles pubs au mur. À l'ardoise, une cuisine de terroir, goûteuse et sans chichis, qui ne trahit pas le décor : foie gras mi-cuit et confiture d'oignons, poêlée de chipirons aux piments doux et purée de pommes de terre, onglet à l'échalote... (05 59 24 21 22 ; bistrotdeshallesbiarritz.fr ; 1 rue du Centre ; menus midi 14,50 €, plats 16-25 € ; tlj en saison, mar-sam hors saison)

Aiete

NÉO-TAVERNE €€

14 PLAN P. 38, A6

Nouveau venu dans le quartier Bibi Beaurivage et déjà adopté ! Il faut dire qu'Aiete a quelques arguments : une cuisine locavore et voyageuse – qui twiste avec maîtrise les classiques –, présentée sous formes de petites et grandes assiettes à partager, une cave de vins nature bien fournie, une déco rétro-moderne réussie, et un

Restaurants sur le port des Pêcheurs

Dîner en terrasse

accueil professionnel et détendu. Il est conseillé de réserver. (☎05 59 43 82 27 ; facebook.com/aietebiarritz ; 22 rue Harispe ; petites/grandes assiettes 9-16/19-28 € ; ⏲tlj sauf dim-lun)

Tantina de Burgos

BASCO-IBÉRIQUE **€€**

15 PLAN P. 38, A6

Boudin grillé, carré d'agneau, cochon de lait, *parrillada* (cuisson à la plancha) de poisson et fruits de mer... Cette taverne typique – dont le nom rappelle la chanson comique d'Henri Genès –, avec cuisine ouverte, bar en faïence, grandes tables en bois et tableaux aux murs, est une valeur sûre pour goûter aux spécialités basques, et pour sortir entre amis. Réservez ! (☎05 59 23 24 47 ; 2 pl. Beaurivage ; plats 16-25 € ; ⏲été lun-sam, hors saison mar-sam)

Helbidea

BISTROT **€€**

16 PLAN P. 38, E4

Dans ce joli bistrot contemporain, les saveurs du Pays basque sont à l'honneur, au même titre que ses petits producteurs. Sur les tables en bois : planches typiques (*taloa*, *pimientos de Padrón*, fromages, cochonnailles...) et suggestions du jour (suprême de poulet lardé au chorizo, porc laqué à la confiture de Patxaran...), accompagnées d'un bon petit vin. (☎05 59 85 51 21 ; www.helbidea.fr ; 13 av. de Verdun ; planches 6-12 €, plats 17-21 € ; ⏲été tlj, fermé mar reste de l'année)

EpoQ

LOCAVORE CRÉATIF **€€**

17 PLAN P. 38, E4

Après l'excellent restaurant Elements à Bidart (p. 92), le deuxième-né du chef Anthony Orjollet s'est vite imposé comme incontournable à Biarritz. Un espace contemporain et intimiste, une cuisine locavore, originale et goûteuse, des vins vivants, une mixologie pointue, une galerie d'art au sous-sol, une épicerie, des DJ-sets en soirée... Et un service efficace et chaleureux. Réservez. (09 88 09 68 12 ; www.restaurant-epoq.com ; 11 rue du Helder ; plats déj/dîner 10-25/12-32 € ; tlj)

Chez Scott

CUISINE DE MARCHÉ **€€**

18 PLAN P. 38, E5

Dans la jolie salle aux murs de brique apparente, on savoure une cuisine finement élaborée qui mise sur la qualité des produits locaux, tout en s'autorisant, çà et là, quelques notes exotiques. Le midi en semaine, les menus laissent la place aux suggestions du moment et à un "bar à desserts" affriolant. Un succès, fruit d'une recette familiale : père et fille sont aux fourneaux. (05 59 22 85 98 ; www.chezscott-biarritz.fr ; 6 rue Jean-Bart ; plats 12-32 €, menus 39-70 € ; mar-sam)

Chez Albert

PRODUITS DE LA MER **€€**

19 PLAN P. 38, C3

Institution fondée en 1967, cette maison a bâti sa réputation sur la fraîcheur de ses produits (poissons sauvages et locaux), que l'on déguste sur des nappes rayées blanc et bleu, face à la mer : des sardines grillées à la paella de fruits de mer, en passant par le merlu de ligne de Ciboure au coulis de piquillos, tout est bon. Réservez. (05 59 24 43 84 ; facebook.com/restaurantduportdespecheursbiarritz ; port des Pêcheurs ; plats 10-66 € ; tlj, fermé mer hors saison)

Cuisiner basque

Pour prolonger le goût des vacances, rien de tel qu'un plat local ! À Biarritz et dans les environs, plusieurs cours de cuisine vous initient aux recettes phares de la région : axoa de veau, piperade... ou encore le généreux gâteau basque. Pour cela, contactez **L'Atelier Culinaire et Vous** (05 59 03 27 82 ; latelierculinaireetvous.com), **Le Labo des Chefs** (05 59 24 54 48 ; www.meilleurduchef.com) ou **Le Loft des Toqués** (06 85 73 49 45 ; leloftdestoques.com).

Le Café Basque

BISTRONOMIQUE **€€€**

20 PLAN P. 38, D3

Le restaurant de l'hôtel Café de Paris s'est offert un lifting de taille, des murs jusqu'aux assiettes ! La carte, résolument locale, a été pensée par le brillant (et étoilé) chef Philippe Bechat de l'Auberge Basque à Saint-Pée-sur-Nivelle, tandis que la salle arbore une déco cosy léchée signée Maison Sarah Lavoine. Seule constante, la vue sur l'océan, depuis la terrasse. (05 59 24 19 53 ; www.cafe-basque.fr ; 5 pl. Bellevue ; plat/formule du jour 18/24 €, plats 24-32 € ; tlj)

La Table d'Aranda

SEMI-GASTRONOMIQUE €€€

21 PLAN P. 38, H4

Pierre apparente, four en brique dans la salle : ce restaurant semi-gastronomique, un peu excentré, donne dans le rustique chic. Dans l'assiette, de beaux produits du terroir (pigeon, agneau de lait, veau...), subtilement travaillés. À souligner, le bel effort sur les tarifs pour un établissement de cette catégorie. Excellent accueil. Options végétariennes également. (05 59 22 16 04 ; www.tabledaranda.fr ; 87 av. de la Marne ; plats 23 €, formule déj 16 €, menu midi/soir 22/30 € ; en saison lun soir et mar-sam, hors saison mar-sam)

L'Atelier

ÉTOILÉ €€€

22 PLAN P. 38, B6

Le talentueux chef Alexandre Bousquet a quitté Gaztelur à Arcangues pour voler à nouveau de ses propres ailes. Grand bien lui en a pris ! Récemment étoilé, il compose, dans son écrin contemporain ouvert sur un grand jardin et cerné par les montagnes, ses créations culinaires de haut niveau, qui subliment les meilleurs produits du cru. Réservez. (05 59 41 10 11 ; www.latelier-alexandrebousquet.com ; 52 rue Alan-Seeger ; menu midi 35 €, menus 75-95 € ; mar-sam)

L'Impertinent

ÉTOILÉ €€€

23 PLAN P. 38, H3

Bonite marinée, aubergines fumées et courgettes en vinaigrette ; maigre de ligne grillé et bouillon coco au combava ; baba au rhum, abricots au thym et glace au yaourt... Faire la part belle aux produits locaux, cultivés en bio ou en raisonné, tel est le credo du chef étoilé Fabian Feldmann et de sa joyeuse brigade. L'expression se prend à la lettre, car ici, l'esthétisme se cultive depuis le cadre, ponctué d'œuvres d'art, jusque dans l'assiette. (05 59 51 03 67 ; www.l-impertinent.fr ; 5 rue d'Alsace ; menus 38-105 € ; juil-août soir tlj et midi mer-dim, reste de l'année soir mar-sam et midi ven-sam)

Prendre un verre

Le Palm

COFFEE SHOP

24 PLAN P. 38, E4

Ce petit espace cosy et éco-engagé accueille toutes les haltes gourmandes, frileuses ou estivales, de quatre-heures ou matinales : palette de *latte* – classique, chaï, dirty, matcha, golden, black... – et de jus de fruits fraîchement pressés, escortés, sans complexe, par l'une des irrésistibles douceurs du jour. Également au déjeuner, quelques options saines à tendance végétarienne (salades, toasts, soupes, curry bowls, etc.). (05 59 47 70 55 ; 2 rue Jean-Bart ; plats 7,50-12,50 € ; en saison tlj 10h-18h,

Le Comptoir du Foie Gras

hors saison lun 12h-17h et mar-sam 10h-18h)

Le Comptoir du Foie Gras

APÉRO

25 PLAN P. 38, C4

Accoudé aux tables hautes, on partage, à sa guise, tapas de foie gras et planches de charcuterie, assorties d'un verre de txakoli (vin blanc espagnol) ou de rioja. (05 59 22 57 42 ; facebook.com/cfgbiarritz ; 1 rue du Centre ; tapas 2 €, planches 8-12 €, assiettes 14-16 € ; été tlj, hors saison mar-sam et dim midi)

Bar du Marché

BISTROT HISTORIQUE

26 PLAN P. 38, D4

Depuis 1938, de 8h à 2h du matin, le Bar du Marché est un haut lieu de la vie biarrote, patiné et chaleureux. Pour les apéros tapas, des grignotages en tout genre et de hardis levers de coude ! (05 59 23 48 96 ; 8 rue des Halles ; plats 8-25 € ; juil-août tlj, hors saison mer-sam, dim midi et mar soir)

Bar Jean

BAR À TAPAS

27 PLAN P. 38, C4

De l'autre côté de la halle couverte, cette autre institution ne désemplit jamais. Ambiance ibérique à souhait, clientèle enthousiaste et tapas apéritives qui jouent les prolongations. Une adresse immanquable. (05 59 24 80 38 ; www.barjean-biarritz.fr ; 5 rue des Halles ; tapas 1 €, plats 10-30 € ; tlj en saison, mer-lun hors saison)

Plaza Berri

BAR-TRINQUET

28 PLAN P. 38, D5

Le Plazza Berri est un bar moderne, très convivial et très apprécié, tout en blond et noir, qui propose près de 150 références de vins (et de la Chouffe – bière blonde – à la pression !) agrémentées de planches et de belles tapas de qualité. Au fond de la salle, une large baie vitrée ouvre sur le fronton, offrant une vue sur les joueurs de pelote, un véritable spectacle en soi (pour en savoir plus, voir l'encadré p. 43). L'agréable toit-terrasse est un spot idéal dès les beaux jours. (05 59 85 60 77 ; facebook.com/plazaberribiarritz ; 42 av. Foch ; planches et tapas 3-17 € ; soir mar-sam)

Miguel Café

BAR-RESTAURANT

29 PLAN P. 38, B3

C'est avant tout pour ses bons rhums et cocktails, sa déco rock très sixties, ses concerts et son ambiance conviviale que les Biarrots ont fait de cette adresse l'un de leurs QG. Et pour ne rien gâcher, dans l'assiette, les plats sont simples et savoureux. (05 59 22 36 21 ; pl. du Port-Vieux ; plats 10,50-21 € ; mar-sam)

Les Baigneuses

TOIT-TERRASSE

30 PLAN P. 38, B3

Terrasse de la terrasse, ou crème de la crème, le *rooftop* de cet hôtel-restaurant abreuve la rétine des bleu-vert du Port-Vieux, nimbés d'orangé au soleil couchant. Apéros pétanque, sets de DJ

Gare du Midi

et concerts aux humeurs festives et branchées. (05 59 24 41 84 ; www.lesbaigneusesdebiarritz.com ; 14 pl. du Port-Vieux ; été tlj, hors saison sam-dim et vac scol)

Sortir

Gare du Midi

SALLE DE SPECTACLE

31 PLAN P. 38, E5

Petit bijou d'architecture Art nouveau, l'ancienne gare du Midi héberge aujourd'hui le siège du centre chorégraphique national Malandain Ballet Biarritz. S'y produisent, à l'année, les créations de la compagnie, ainsi que de nombreux spectacles et concerts. (05 59 22 44 66 ; www.biarritz-culture.com ; av. Foch)

Le Royal

CINÉMA

32 PLAN P. 38, D4

Programmation de qualité et films en version originale. (05 59 24 45 62 ; www.royal-biarritz.com ; 8 av. Foch ; tarif plein/réduit 7/4,50 €)

Casino Barrière

ÉTABLISSEMENT DE JEUX

33 PLAN P. 38, E3

Si le casino Bellevue (fin du XIXe siècle) n'accueille plus que des congrès, l'immense édifice de style Art déco, construit en 1929 face à la Grande Plage, abrite toujours machines à sous et jeux de table. (05 59 22 77 77 ; www.lucienbarriere.com ; 1 av. Édouard-VII ; tlj 20h-3h)

Le BAB sans polluer

Les Tram'bus, des bus électriques cousins des tramways, parcourent le BAB (Bayonne-Anglet-Biarritz) d'est en ouest et (d'ici peu) du nord au sud. La **ligne T1** (05 59 52 59 52 ; www.chronoplus.eu) permet ainsi de rejoindre Bayonne depuis Biarritz, en passant par Anglet.

Le Play Boy Club

DANCE, DISCO, FUNK

34 PLAN P. 38, D4

L'une des plus anciennes discothèques de la côte, plébiscitée par les jeunes touristes. (05 59 24 38 46 ; facebook.com/PLB64 ; 15 pl. Clemenceau ; tlj à partir de minuit, mer-sam hors saison)

Carré Coast

CLUB BRANCHÉ

35 PLAN P. 38, E3

Face à la Grande Plage, le lieu branché des nuits biarrotes. Ambiance people et jeunesse dorée. (05 59 24 64 64 ; carrecoast.com ; 21 av. Édouard-VII ; à partir de minuit, juil-août tlj, hors saison ven-sam et veille de jours fériés)

Le Caveau

GAY-FRIENDLY

36 PLAN P. 38, C4

Anciennement gay, mais toujours "gay-friendly", cette légende locale est, pour beaucoup, la meilleure boîte de nuit de Biarritz. Entrée réservée aux plus de 25 ans.

OCEANPROD / STOCK.ADOBE.COM ©

Les douceurs de Pariès

(05 59 24 16 17 ; www.caveau-biarritz.com ; 4 rue Gambetta ; entrée 12 € conso incluse ; tlj minuit-6h)

Shopping

Les Halles — LE VENTRE DE BIARRITZ

37 PLAN P. 38, C4

Entièrement rénovées, ces halles de 1885 constituent un endroit idéal pour faire ses emplettes et prendre le pouls de la ville. On se régale des produits de la crémerie Olga ou de la cave à jambons Xingara. (www.halles-biarritz.fr ; tlj 7h30-14h, et 18h-21h mi-juil à août)

Pariès — DOUCEURS

38 PLAN P. 38, D4

Depuis 1895, kanougas® (caramels), mouchous® (spécialités aux amandes douces), chocolats, tourons, gâteau basque… (05 59 22 07 52 ; www.paries.fr ; 1 pl. Bellevue ; tlj été 9h-20h, hors saison 9h-13h et 14h30-19h)

Henriet — CHOCOLATERIE-PÂTISSERIE

39 PLAN P. 38, E4

On doit à ce maître chocolatier depuis 1946 les "rochers de Biarritz" au chocolat, écorces d'orange et amandes. (05 59 24 24 15 ; www.chocolaterie-henriet.com ; pl. Georges-Clemenceau ; lun-sam 9h30-19h30 et dim 9h30-19h)

Maison Arostéguy — ÉPICERIE FINE

40 PLAN P. 38, D4

Fondée en 1875, cette cave-épicerie fine (saveurs du monde entier, thés, cafés, alcools…) est l'une des plus anciennes de France, et mérite le détour, ne serait-ce que pour ses vieilles boiseries et les bouteilles alignées sur ses rayonnages. (05 59 24 00 52 ; www.arosteguy.com ; 5 av. Victor-Hugo ; juil-août et déc tlj non-stop, le reste de l'année lun 15h30-19h et mar-sam 9h30-13h et 15h30-19h)

Jean-Vier

LINGE BASQUE

41, 42 PLAN P. 38, F3, C4

Une belle adresse pour rapporter du linge de maison basque – rideaux, coussins, linge de table, de bain et de lit, serviettes de plage – et de la vaisselle. (05 59 22 29 36, 05 59 85 20 55 ; www.jean-vier.com ; 58 av. Édouard-VII et 25 rue Mazagran ; tlj 10h-12h30 et 14h30-19h)

Maison Adam

MACARONS

43 PLAN P. 38, D4

Plus la peine d'aller jusqu'à Saint-Jean-de-Luz pour goûter aux irrésistibles macarons de cette illustre maison (voir p. 118), qui ravissent les becs sucrés depuis plus de trois siècles ! (05 59 26 03 54 ; www.maisonadam.fr ; 27 pl. Georges-Clemenceau ; tlj, 9h-20h en été, 9h-19h30 hors saison)

Linge basque

Vaut le détour

Arcangues, bucolique et gourmande

Arcangues, c'est, dans un mouchoir de poche, une église typique, un fronton, une fontaine, une mairie et une école aux volets bleus : une sorte de village basque idéal, ceint par un superbe golf, et doté, en prime, d'excellents restaurants. On doit au marquis d'Arcangues, septième du nom, qui en a été maire entre 1929 et 1969, le fameux "bleu d'Arcangues" imposé aux maisons. Du cimetière, la vue sur les Pyrénées est magnifique.

Arcangues est à une dizaine de kilomètres au sud-est de Biarritz.

Le bus 52 du réseau **Chronoplus** (05 59 52 59 52 ; chronoplus.eu) relie le bourg à Biarritz et Bayonne.

Église Saint-Jean-Baptiste

Fondée au XVIe siècle, cette église est typique du Labourd, avec ses belles galeries en bois sculpté (début XVIIIe) qui courent sur 2 niveaux. Ses murs renferment un superbe bas-relief espagnol du XVIIe siècle représentant *La Décollation de saint Jean-Baptiste*. Son cimetière panoramique recèle des stèles de forme discoïdale du XVIe siècle, traditionnelles du Pays basque, ainsi que la tombe, toujours abondamment fleurie, du chanteur d'opérette Luis Mariano (1914-1970), qui s'était installé à Arcangues en 1961.

Moulin d'Alotz

Bucolique à souhait, cette très bonne table (05 59 43 04 54 ; www.moulindalotz.com ; ch. d'Alotz-Errota ; menus 78-88 € ; jeu-lun) se niche sous les charpentes d'un ancien moulin. Dans la salle ouverte sur le jardin, se dégustent les compositions de Fabrice Idiart, jeune chef récemment récompensé d'une étoile, qui célèbrent les produits du cru. Original, le menu "Ital" est une variation créative autour du régime rastafari éponyme, basé sur une cuisine végétale excluant la viande.

Gaztelur

Cette belle maison de maître du XVe siècle, cernée de verdure, héberge une épicerie fine, un fleuriste, une boutique de déco et d'antiquités... ainsi qu'un **restaurant** réputé (05 59 23 04 06 ; www.gaztelur.com ; ch. de Gaztelur ; menu midi sem 35 €, menus 75-105 € ; mar-sam) orchestré par le chef Alexandre Soulier. Au menu, plusieurs formules surprise (de 3, 4 ou 7 services), dont une à prix doux le midi, révélant une cuisine soignée qui favorise le circuit court.

★ À savoir

- À l'entrée du village, le **château d'Arcangues**, toujours habité, se visite entre novembre et mi-janvier. On y découvre l'histoire d'une lignée de marquis très romanesques, à l'instar de Pierre d'Arcangues (1886-1973). Poète, romancier et maire du village, il y organisa d'extravagantes fêtes qui attirèrent le Tout-Paris artistique et la jet-set des Années folles (Stravinsky, Cocteau, Hemingway...). (06 22 67 19 27 ; chateaudarcangues.com ; visite guidée 8 €, gratuit -12 ans ; mar-dim 10h-12h et 14h-18h)
- Le **golf d'Arcangues** (05 59 43 10 56 ; www.golfdarcangues.com) offre un parcours de 18 trous et un cadre enchanteur.
- L'été, le mercredi matin, un marché de producteurs se tient sur le parking principal.

Explorer

Bayonne

Au confluent de l'Adour et de la Nive, Bayonne, riche d'une histoire qui remonte à l'Antiquité, est aujourd'hui une belle cité commerçante et culturelle. Avec ses hautes maisons à colombages, ses agréables rues pavées, son goût pour la fête et la gastronomie, elle constitue une porte d'entrée séduisante du Pays basque français, dont elle est une gardienne de la langue et des coutumes.

Flânez d'abord dans le centre historique, sans manquer de vous arrêter à la cathédrale (p. 59) et au Musée basque (p. 60). Faites un tour aux halles (p. 76), puis attablez-vous chez Sébastien Zozaya (p.69), au Garde-Manger (p. 70), à Patxamama (p. 71), ou à la Brasserie Basa (p. 72). Prenez un vélo en libre-service et filez sur la voie verte de la Nive (p. 67). Revenez à Bayonne pour une pause chocolat (p. 62) et quelques emplettes. Le soir, réservez à La Table de Sébastien Gravé (p. 71) ou à L'Inattendu (p. 73) avant un film à L'Atalante (p. 75) ou un spectacle au cabaret La Luna Negra (p. 75).

Comment y aller

À 5 km du centre-ville, la gare de Biarritz est desservie chaque jour par des TGV et TER en provenance des grandes villes de France.

L'**aéroport de Biarritz-Pays basque** (05 59 43 83 83 ; www.biarritz.aeroport.fr) est implanté à 3 km du centre-ville.

Les bus **Chronoplus** (05 59 52 59 52 ; chronoplus.eu) desservent le centre-ville depuis la gare et l'aéroport.

Plan de Bayonne p. 66

Cœur historique de Bayonne MAX LABEILLE / ISTOCKPHOTO.COM ©

Les incontournables

Le Vieux Bayonne

Le centre historique de Bayonne, qui s'étend de part et d'autre de la Nive, rappelle, au fil de ses rues pavées, son destin de place forte et de prospère cité commerçante. Sur la rive gauche, le Grand Bayonne, construit autour de la cathédrale, où se trouvait au IVe siècle un camp militaire romain, est la partie la plus ancienne. Sur l'autre rive, le Petit Bayonne, fief autrefois des marchands, artisans et corsaires, fut construit au XIIe siècle sur d'anciens marais asséchés.

PLAN P. 66

Rien de tel qu'une balade à pied pour découvrir les trésors de la ville ancienne (voir p. 64).

Architecture labourdine

Bayonne doit beaucoup de son charme à ses nombreuses maisons traditionnelles labourdines, à pans de bois colorés et blanchies à la chaux, ou en pierre de Bidache et ornées de balcons en fer forgé. Parmi les plus beaux exemples, citons la Maison Moulis (7 rue Poissonnerie), au décor Renaissance, élevée à la fin du XVIe siècle et remaniée au XIXe siècle, ou encore les demeures XVIIe et XVIIIe de la Plachotte (placette située entre la rue Passemillon et la rue des Augustins).

Cathédrale Sainte-Marie

Construite à partir du XIIIe siècle sur les fondements d'une église romane, la cathédrale de Bayonne (05 59 46 11 43 ; pl. Monseigneur-Vansteenberghe ; lun-sam 8h-18h30, dim 8h-20h, pas de visite durant les offices), inscrite au patrimoine mondial de l'Unesco, forme – malgré certains ajouts au XIXe siècle, comme les deux flèches – un bel ensemble de style gothique. Rue Notre-Dame, le **porche nord** (XIVe), délesté de ses statuettes à la Révolution, a gardé son heurtoir en bronze, finement ouvragé, du XIIIe siècle. À l'intérieur, parmi les beaux vitraux Renaissance, signalons celui de la **chapelle Saint-Jérôme**, représentant la *Guérison de la fille de la Cananéenne* (1531). À la hauteur de la sacristie, au-dessus de l'autel, la clé de voûte peinte en forme de navire (XIVe) rappelle l'importante vocation maritime de Bayonne. Le beau **cloître gothique flamboyant** (tlj sauf jours fériés, fin mai à fin sept 9h-12h et 14h-18h, jusqu'à 17h fin sept à fin mai), du XIVe siècle, est l'un des plus grands du genre en France. Il jouait un rôle dans la vie politique, car c'est là que siégeaient les différentes corporations.

★ À savoir

- Le **Château Vieux** (rue des Gouverneurs ; ne se visite pas) fut élevé au XIIe siècle par les rois d'Angleterre sur les bases d'une forteresse des vicomtes de Labourd, puis occupé par les gouverneurs du roi avant de devenir une prison.
- Le **Château Neuf** (XVe siècle ; place Saint-André) accueille le campus de la Nive. La bibliothèque universitaire, aménagée dans un talus défensif que l'on doit à Vauban, arbore une façade en verre habillée d'une étonnante résille en béton.
- L'office du tourisme propose d'intéressantes **visites guidées thématiques** (6 €, gratuit -12 ans). Certaines donnent accès à des demeures habituellement fermées et permettent de découvrir le labyrinthe de caves creusées par les marchands entre le XIIIe et le XVe siècle.

Les incontournables

Musée basque et de l'histoire de Bayonne

Sur les quais du Petit Bayonne, ce musée ethnographique permet d'appréhender la culture basque. À travers plus de 20 000 objets, meubles, photographies et peintures exposés, on découvre les pratiques sociales, rituelles, religieuses et festives du Pays basque, ainsi que son histoire et la naissance de son identité, notamment maritime, depuis le Moyen Âge.

PLAN P. 66, C4

05 59 59 08 98 ; www.musee-basque.com ; 37 quai des Corsaires ; tarif plein/réduit 8/5 € ; mar-dim sauf jours fériés 10h-18h

La Maison Dagourette

Tout au long du parcours, prenez la peine d'admirer la Maison Dagourette, dans laquelle le musée fut aménagé en 1924 : une ancienne demeure de négociant de la fin du XVIe siècle, restaurée aux XVIIIe et XXe siècles et classée aux monuments historiques. Remarquez notamment sa façade ornée de fenêtres à encadrements à meneaux et l'escalier en fer forgé du XVIIIe siècle.

Le kiosque sonore

Au 1er étage, dans une pièce circulaire au décor futuriste, symbolisant le coin du feu de l'*etxe* (la maison en basque, qui tient un rôle central dans la culture basque), autour duquel on se retrouvait pour la veillée, une voix récite des contes en basque, gascon et français, mettant en scène certaines figures du folklore local.

Plan relief du port de Bayonne en 1805

Cette maquette du port de Bayonne (salle n°17), réalisée en 2001 à partir de vues peintes en 1761 par Joseph Vernet (1714-1789) et de gravures d'époque, permet de mesurer avec précision l'envergure de Bayonne en tant que cité maritime et fluviale florissante au début du XIXe siècle.

Le Pays basque des peintres

La riche collection de peintures vient éclairer, au fil des salles, les différentes thématiques abordées. Au 2e étage, plusieurs œuvres régionalistes illustrent ainsi un Pays basque rêvé, pays de cocagne, de jeux et de fêtes. Citons par exemple *Partie de pelote sous les remparts de Fontarabie* de Gustave Colin (1828-1910), *Joueurs de mus* de Ramiro Arrue (1892-1971), *Danseurs et musiciens basques, béarnais et bigourdans* de Henri Borde (1888-1978) ou encore *Procession de la Fête-Dieu à Bidarray* de Marie Garay (1861-1953).

★ À savoir

- Entrée libre le 1er dimanche du mois et pour les moins de 26 ans.
- **Visite guidée** (2,50 € ; 1er dim et 3e sam du mois et pendant vac scol mar-sam à 10h et à 14h, sur réservation).
- Une grande exposition est programmée chaque année.
- L'aile nord du Château Neuf (voir p. 59) héberge la **Bibliothèque-centre de documentation** (05 59 59 57 50, 05 59 59 57 54 ; lun-ven 9h30-12h et 14h-17h, sur rdv).

Une petite faim ?

Juste à côté du musée, prenez place dans l'espace lumineux d'inspiration scandinave d'**Eklat** (05 59 42 64 95 ; facebook.com/eklatbayonne ; 2 rue Marengo), ou sur sa terrasse en bord de Nive, pour une pause gourmande.

Les incontournables

Le chocolat

Bayonne fut la première ville de France où l'on fabriqua du chocolat ! Un mérite qu'elle doit aux Juifs chassés de la péninsule Ibérique par l'Inquisition au début du XVIIe siècle, qui y trouvèrent refuge et y enseignèrent les secrets de transformation du cacao. Leur savoir-faire se perpétue aujourd'hui dans de nombreuses maisons renommées, faisant de la ville une destination – ô combien – gourmande.

Grand Bayonne

La rue du Port-Neuf est l'épicentre de cette fièvre cacaotée. Au n°14, la maison **Pariès** (☎05 59 59 06 29 ; www.paries.fr), qui existe depuis 1895, est réputée pour ses caramels et gâteaux (voir p. 118), ainsi que pour son chocolat, décliné en une soixantaine de créations. Vous trouverez au n°15 **Daranatz** (☎05 59 59 03 55 ; www.chocolat-bayonne-daranatz.fr), fondé en 1890, qui élabore une cinquantaine de bonbons. **Cazenave** (☎05 59 59 03 16 ; www.chocolats-bayonne-cazenave.fr), au n°19, fondé en 1854, avec sa superbe boutique-salon de thé Belle Époque et son délicieux chocolat chaud mousseux, est un incontournable. Au n°37, **L'Atelier du Chocolat** (☎05 59 25 72 95 ; www.atelierduchocolat.fr), créé en 1950, compose notamment d'alléchants bouquets de chocolat. Rendez-vous au croisement avec la rue Orbe, pour découvrir la jeune **Chocolaterie Puyodebat** (☎05 59 59 48 42 ; www.chocolats-puyodebat.com ; 11 rue Orbe), qui vend ganaches au chocolat noir et piment d'Espelette, chocolats grand cru... et qui possède un salon de thé cosy, **La Tasse à Moustache** (mar-sam 14h-18h).

Petit Bayonne

Accordez-vous une pause au salon de thé de **Chocolat Pascal** (☎05 59 52 96 49 ; facebook.com/ChocolatPascal ; 32 quai Galuperie), pour déguster rochers pralinés, glaces artisanales et chocolat chaud, dans une déco pop acidulée. Dans la jolie boutique-atelier de **Monsieur Txokola** (☎05 59 15 66 94 ; www.monsieurtxokola.fr ; 11 rue Jacques-Laffitte), on succombe aux subtiles créations confectionnées sur place à partir de fèves de grande qualité.

★ À savoir

- **Chocolat Pascal** a ouvert depuis peu une boutique dans le Grand Bayonne, au 17 rue de la Salie.
- **Monsieur Txokola**, **Daranatz** et **Pariès** ont également des boutiques à Biarritz.
- **L'Atelier du Chocolat** (☎05 59 55 70 23 ; 7 allée de Gibéléou) propose un parcours découverte ludique et gourmand (adulte/-10 ans 6/3 €, sur réservation).

Une petite soif ?

En plus de l'indétrônable chocolat chaud, que vous pourrez savourer chez Cazenave, Chocolat Pascal ou à La Tasse à Moustache, n'hésitez pas à tester l'étonnant jus de cacao de **Monsieur Txokola**, confectionné à partir de la pulpe de cabosses (les fruits du cacaoyer) originaires d'Équateur.

Promenade à pied

D'un pont à l'autre : du Vieux Bayonne à Saint-Esprit

Sillonnée par la Nive et l'Adour, truffée de sites historiques, Bayonne rend toute promenade à pied passionnante. Si, dans le Grand Bayonne, le riche passé de la ville s'affiche à chaque coin de rue, dans le Petit Bayonne, les venelles bordées de maisons à colombages savent se rendre irrésistibles. De l'autre côté de l'Adour, le quartier Saint-Esprit réserve de jolies surprises.

La promenade

Départ Quartier des Halles

Arrivée La synagogue

Distance et durée
3, 5 km, 1 heure 30

❶ Le quartier des Halles

Débutez votre balade dans le quartier animé des **Halles** de style Baltard. Prenez la rue Poissonnerie, où se trouve la **Maison Moulis** (p. 59) et rejoignez la **place des Cinq-Cantons**, où se réunissaient jadis marchands et armateurs.

❷ La rue Port-Neuf

Remontez la rue Orbe puis tournez à droite, **rue Port-Neuf**. Cet ancien canal aujourd'hui remblayé, bordé de maisons à arcades à l'origine sur pilotis, est la "rue des chocolatiers" (p. 62).

❸ Le jardin botanique

Dirigez-vous vers le **Château Vieux** (p. 59). De là, une allée sur la gauche mène à la **poterne**, une porte reconstituée du XVIIIe siècle. Vous voici au cœur des fortifications de Vauban, qu'un aménagement arboré a transformées en lieu de promenade. De là, on peut accéder au **jardin botanique**.

❹ La rue des Faures

Faites demi-tour pour rejoindre **la cathédrale** (p. 59), puis prenez la **rue des Faures**. Cette rue étroite, qui regroupait jadis les forgerons (les "faures", probables inventeurs de la baïonnette), est aujourd'hui bordée de boutiques de doreurs, d'encadreurs et d'antiquaires.

❺ La porte d'Espagne

Au croisement de la rue Vieille-Boucherie et de la rue d'Espagne, prenez à droite pour apprécier le point de vue sur les remparts qu'offre la **porte d'Espagne** (XVIIe). Descendez la rue **Tour-de-Sault**, où vous verrez la **tour des Deux Sœurs** et la **tour du Bourreau**, dont la base est d'époque romaine.

❻ La Plachotte

Empruntez un passage sur la gauche pour atteindre la **Plachotte** (p. 59), pourvue de belles maisons à pans de bois et des vestiges de la forteresse antique.

❼ Le Petit Bayonne

Retournez vers les halles, longez la Nive jusqu'au **pont Marengon** qui mène au Petit Bayonne. Admirez la **Maison Dagourette** (p. 61), flânez sous les arcades du **quai Galuperie** et prenez la **rue des Tonneliers** jusqu'au **Trinquet Saint-André** (p. 67).

❽ L'église Saint-Esprit

Regagnez les quais et traversez le pont Saint-Esprit jusqu'à l'**église Saint-Esprit**, datant de la fin du Moyen Âge. À l'intérieur, les voûtes basses et les piliers massifs de la nef contrastent avec le chœur de style gothique flamboyant. Remarquez la sculpture du XVe siècle, représentant la *Fuite en Égypte*.

❾ La synagogue

Depuis l'église, remontez la rue Maubec jusqu'au n°35. En face, la **synagogue** (1837) témoigne de la présence des Juifs d'Espagne dans la région, où ils s'établirent dès la Renaissance.

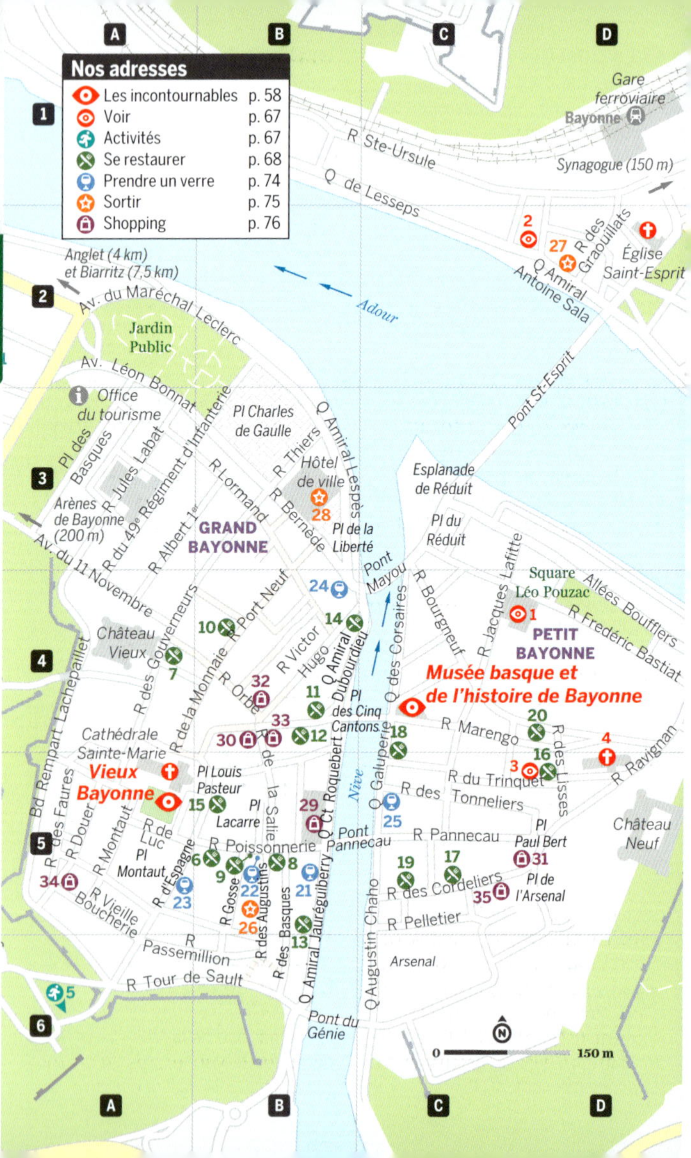
Nos adresses
Les incontournables p. 58
Voir p. 67
Activités p. 67
Se restaurer p. 68
Prendre un verre p. 74
Sortir p. 75
Shopping p. 76
A
B
C
D
1
2
3
4
5
6
Gare ferroviaire Bayonne
Synagogue (150 m)
R Ste-Ursule
Q de Lesseps
Église Saint-Esprit
R des Graouillats
Q Amiral Antoine Sala
Anglet (4 km) et Biarritz (7,5 km)
Adour
Av. du Maréchal Leclerc
Jardin Public
Av. Léon Bonnat
Office du tourisme
Pl des Basques
R Jules Labat
R du 49e Régiment d'Infanterie
Pl Charles de Gaulle
R Thiers
Q Amiral Lespès
Pont St-Esprit
Esplanade de Réduit
Hôtel de ville
R Lormand
R Bernède
Pl de la Liberté
Pl du Réduit
Arènes de Bayonne (200 m)
R Albert 1er
GRAND BAYONNE
Av. du 11 Novembre
Pont Mayou
R Bourgneuf
R Jacques Lafitte
Square Léo Pouzac
Allées Boufflers
R Frédéric Bastiat
PETIT BAYONNE
Château Vieux
R des Gouverneurs
R Port Neuf
R Victor Hugo
Q Amiral Dubourdieu
Q des Corsaires
Musée basque et de l'histoire de Bayonne
Bd Rempart Lachepaillet
R de la Monnaie
R Orbe
Pl des Cinq Cantons
R Marengo
R des Lisses
R Ravignan
Cathédrale Sainte-Marie
Vieux Bayonne
R de la Salie
Q Ct Roquebert
Nive
Q Galuperie
R du Trinquet
R des Tonneliers
Pl Louis Pasteur
Pl Lacarre
Pont Pannecau
R Pannecau
Pl Paul Bert
Château Neuf
R des Faures
R Douer
R Montaut
R de Luc
Pl Montaut
R d'Espagne
R Poissonnerie
R Gosse
R des Augustins
R des Basques
Q Amiral Jauréguiberry
Q Augustin Chaho
R des Cordeliers
Pl de l'Arsenal
R Pelletier
Arsenal
R Vieille Boucherie
R Passemillion
R Tour de Sault
Pont du Génie
0
150 m
N

Voir

Musée Bonnat-Helleu

BEAUX-ARTS

1 PLAN P. 66, C4

Ce formidable musée expose notamment la prestigieuse collection que le peintre Léon Bonnat (1833-1922) a léguée à l'État, et qui fut déposée suivant sa volonté au musée des Beaux-Arts de Bayonne, sa ville natale. Le fonds du musée compte des œuvres de grands maîtres tels Raphaël, Michel-Ange, Léonard de Vinci (croquis à la plume), Rubens ou encore Goya. On y trouve aussi des peintures, pastels, dessins et gravures de Paul Helleu (1859-1927), maître de la pointe sèche évoluant dans le milieu impressionniste. Fermé depuis 2011 en raison d'importants travaux d'extension, il devrait rouvrir au public courant 2022. (05 59 46 63 60 ; mbh.bayonne.fr ; 5 rue Jacques-Laffitte)

Didam

PHOTOGRAPHIE

2 PLAN P. 66, D2

Face à l'Adour, dans le quartier Saint-Esprit, le bel édifice Art déco signé par les frères Gomez, anciennement occupé par la Direction interdépartementale des affaires maritimes (d'où son nom : Didam), accueille régulièrement des expositions, de photographie le plus souvent. (05 59 46 63 43 ; didam.bayonne.fr ; 6 quai de Lesseps ; entrée libre ; mar-dim 13h-19h)

Trinquet Saint-André

INSTITUTION

3 PLAN P. 66, D5

L'une des plus vieilles salles de jeu de paume de France – on dit que Louis XIV y aurait joué – accueille toute l'année (du lundi au vendredi soir ainsi que le samedi et le dimanche après-midi) des rencontres et tournois de pelote gomme pleine (pala). Le spectacle se joue autant sur le terrain que dans les galeries où des spectateurs, dont beaucoup d'un certain âge, parient oralement sur tel ou tel joueur. Avant ou après le match, tout ce joyeux monde se retrouve à la brasserie du Trinquet (voir p. 72), haut lieu des fêtes de Bayonne. (9 rue des Tonneliers)

Église Saint-André

ÉDIFICE RELIGIEUX

4 PLAN P. 66, D5

Cet édifice néogothique du XIXe siècle renferme une *Assomption* signée Léon Bonnat et de grandes orgues offertes par Napoléon III. Messe en basque le dimanche à 9h30. (05 59 59 18 72 ; bayonnecentre.fr ; pl. Paul-Bert)

Activités

Voie verte de la Nive

À PIED OU À VÉLO

Une voie verte accessible aux cyclistes, rollers et piétons longe la rive gauche de la Nive depuis le centre de Bayonne, près de l'Aviron Bayonnais. Elle est l'occasion d'une

Le quartier Saint-Esprit

Sur la rive droite de l'Adour, autour de la gare, ce quartier a une histoire originale, dont il reste peu de traces. Cet ancien faubourg, initialement rattaché à l'évêché de Dax, dans les Landes, fut aménagé autour d'un prieuré édifié au XIIe siècle sur le chemin de Saint-Jacques-de-Compostelle. Grâce à Louis XI, le prieuré devint une collégiale, et plus tard un hôpital. Il jouit dès lors d'une certaine autonomie juridique vis-à-vis de Bayonne, qui perdura jusqu'en 1857, où la ville finit par annexer Saint-Esprit. Ce statut d'exception permit aux Juifs, chassés d'Espagne et du Portugal par l'Inquisition au XVIe siècle, de s'y installer et d'y faire fleurir leur commerce, chose qui leur était refusée à Bayonne. Au début du XVIIIe siècle, ils représentent les trois quarts de la population du faubourg et l'une des communautés juives les plus importantes de France, comme en témoigne encore la synagogue.

"Saint-Esprit" est aujourd'hui un quartier populaire et bohème, qui jouit d'une certaine impulsion culturelle (voir L'Atalante p. 75 et Didam p. 67). Ses murs accueillent tous les ans l'exposition internationale de *street art* Points de vue, portée par le centre d'art associatif **Spacejunk** (☎ 05 59 03 75 32 ; www.spacejunk.tv ; 35 rue Sainte-Catherine).

superbe promenade sur l'ancien chemin de halage pour rejoindre **Ustaritz**, 13 km plus loin environ vers le sud, en passant par le Makila Golf Club. Une autre piste cyclable a été aménagée le long de l'Adour à partir du pont Saint-Esprit. Elle rejoint **La Barre d'Anglet**. Voir p. 149 pour vous procurer un vélo.

Makila Golf Club

18 TROUS

5 PLAN P. 66, A6

Installé sur un large fairway de style américain, ce beau parcours vallonné de 18 trous est assez physique. (☎ 05 59 58 42 42 ; www.makilagolfclub.com ; rte de Cambo, Bassussary ; green-fee 9/18 trous 30-37/55-69 € selon saison, green-fee -21 ans 25-32 € ; tlj juil-août 7h30-20h30, mai-juin et sept-oct 8h-19h, nov-avr 8h30-18h30)

Se restaurer

L'Indécise

SUR LE POUCE €

6 PLAN P. 66, B5

Un petit espace tendance et clair où l'on vient se régaler des créations simples et goûteuses, souvent "végé-friendly", de Typhaine : quiches, salades... et desserts (très) gourmands. Notre adresse coup de cœur. (☎ 05 40 39 86 06 ; facebook.com/lindecise ;

27 rue Poissonnerie ; plats 7-10 € ; mar-sam 11h30-18h30)

Coffee Muxu

SUR LE POUCE €

7 PLAN P. 66, A4

Tout nouveau, tout beau et bio ! Face au Château Vieux, ce *coffee shop* cosy et contemporain sert, en plus de ses bons cafés et douceurs, des petits plats aux produits fermiers le midi (burger, tartine/salade, œufs Bénédicte, assiette végétarienne...), ainsi que de quoi caler les fringales matinales et d'après-midi (œufs coque/mouillettes, assiette de fromage, sandwich...). Le week-end, place aux pancakes (9-13,50 €) ! (www.coffeemuxu.com ; 3 rue des Gouverneurs ; petit-déj 3,50-13, 50 €, plats 9,50-13,50 € ; lun-sam 9h-17h, dim 10h-16h)

Bar du Marché

INSTITUTION €

8 PLAN P. 66, B5

Le "BDM" (créé en 1936), un incontournable de la vie bayonnaise, est pris d'assaut à l'heure du déjeuner. Vous y trouverez une cuisine simple, franche et à prix modique, servie dans un cadre arborant fièrement les couleurs basques et de belles affiches rétro. (05 59 59 22 66 ; 39 rue des Basques ; plat du jour 13 €, plats 10,80-17,80 € ; midi lun-sam)

Sébastien Zozaya

BAR À CHARCUTERIE €

9 PLAN P. 66, B5

À deux pas des halles, ce comptoir contemporain permet de goûter aux spécialités de Sébastien Zozaya, artisan charcutier reconnu

Coffee Muxu

Meilleur Ouvrier de France. Planches de cochonnailles et alléchantes "rations" (andouille de campagne fumée et beurre de moutarde, rillettes de cochon et pain au levain frotté à l'ail, boudin noir-purée...), accompagnées d'un bon petit ballon. En prime, de 11h30 à 14h, un plat du jour, classique mais pas barbant, élaboré sous vos yeux. (05 59 55 67 64 ; www.sebastienzozaya.fr ; 17 rue Poissonnerie ; planches et rations 5-15 €, plat du jour 10 € ; mar-jeu 9h-19h, ven-sam 9h-21h)

Le Chistera

TERROIR **€**

10 PLAN P. 66, B4

Ici, on est joueur de pelote de père en fils et ça se voit : photos, gravures et chisteras ornent les murs de ce restaurant au pied d'un immeuble du XVIe siècle, où l'on se régale depuis plus de 50 ans de classiques : tartare de truite de Banka, merlu koskera, poulet basquaise, mamia (caillé de brebis)... Bel accueil. (05 59 59 25 93 ; www.lechistera.com ; 42 rue du Port-Neuf ; plats 11-21,50 €, menu 17,50 € ; tlj juil-août, sept-juin midi mar-dim et soir jeu-sam)

Garde-Manger

CRÉATIF **€€**

11 PLAN P. 66, B4

À la fois épicerie, restaurant et salon de thé, cette petite adresse du centre piétonnier possède son lot d'adeptes. La recette de son succès ? Chaque semaine, des suggestions simples, inventives et colorées, à prix raisonnable, et, le

Tapas à déguster autour d'un verre

week-end, un brunch gourmand qui joue des variations sur le thème de l'œuf. En prime, un accueil enjoué. (05 59 59 43 57 ; www.gardemangerbayonne.com ; 6 rue Port-de-Castets ; formule/menu 17/19 €, brunch 18-25 € ; mar-dim 9h-17h30, fermé dim hors saison)

Patxamama

CUISINE DE MARCHÉ €€

12 PLAN P. 66, B4

Récemment ouverte, cette adresse n'a pas fini de faire parler d'elle ! Dans l'assiette, des plats simples, un brin baroudeurs et habilement travaillés, composés selon les arrivages – bio ou raisonnés – du marché. Côté cadre, une petite salle aux murs en pierre apparente, ornée de toiles colorées et d'objets laissant deviner l'âme voyageuse du chef et de sa compagne. (05 59 59 11 88 ; 7 rue du Port-de-Castets ; plats 14-25 €, formule/menus midi 16-19 € ; mar-sam midi et jeu-sam soir)

La Bodega Chez Gilles

BASCO-IBÉRIQUE €€

13 PLAN P. 66, B5

Il a tout bon ce Gilles, avec son spot royal en bord de Nive, ses produits frais, sa cave bien fournie et son service avenant. Parmi les spécialités des lieux : morue à la crème de chorizo et carpaccio de bœuf aux piquillos farcis. (05 59 25 40 13 ; www.bodegachezgilles.com ; 23 quai Jauréguiberry ; plats 17-26 € ; tlj)

Chants basques

Le 4e samedi de chaque mois, de septembre à mai, les halles de Bayonne (voir p. 76) résonnent de chants basques entonnés par l'association **Baionan Kantuz** (www.baionan-kantuz.com). Ne ratez pas ce moment convivial si vous passez par là, et n'hésitez pas à pousser de la voix si vous connaissez vos classiques. Le rendez-vous est fixé à 11h, place Lacarre. Après 30 minutes d'échauffement, direction les halles, où l'association occupe les balcons jusqu'à 12h30.

La Table Sébastien Gravé

CUISINE D'AUTEUR €€

14 PLAN P. 66, B4

Le retour au pays de Sébastien Gravé, jeune chef virtuose, également à la tête du réputé Pottoka à Paris, fait le bonheur des habitants du quartier. Ils se pressent dans la salle claire en bord de Nive – parfois jusque sur le zinc – pour sa cuisine de saison aussi séduisante que délicieuse, qui se laisse goûter avec aménité le midi. Réservez ! (05 59 46 14 94 ; www.latable-sebastiengrave.fr ; 21 quai Amiral-Dubourdieu ; plats 22 €, formule/menu midi semaine 21/26 €, menus 39-50 € ; mar-sam)

Les fêtes de Bayonne

Pendant 4 jours et 5 nuits fin juillet, les **fêtes de Bayonne** (www.fetes.bayonne.fr) réunissent plus d'un million de *festayres*. Créées en 1932 sur le modèle de celles de la San Fermín à Pampelune, elles sont un moment incontournable de la vie bayonnaise. La ville s'habille de la tenue officielle inspirée de la cousine navarraise : pantalon blanc, foulard et ceinture rouges. Pour l'ouverture officielle, à 22h le mercredi précédant le premier week-end d'août, le maire confie les trois clés de la ville aux habitants en les lançant depuis le balcon de l'hôtel de ville. Concerts, bals, danses basques, courses de vaches, corso (défilé de chars) lumineux, masters de pelote basque rythment les festivités. Tous les jours à midi, place de la Liberté, les enfants réveillent le roi Léon, un personnage burlesque inspiré d'une figure de la vie bayonnaise (Léon Dacharry, réputé pour ses frasques dans les années 1950). Les fêtes se terminent le dimanche à minuit place de la Liberté. Symboliquement, les *festayres* retirent alors leur foulard.

Brasserie Basa

BISTRONOMIQUE €

15 PLAN P. 66, B5

Le chef étoilé Fabian Feldmann (voir L'Impertinent p. 48) vient d'investir le rez-de-chaussée de l'ancien tribunal de Bayonne, face à la cathédrale. Au menu, une version décontractée et abordable de sa cuisine inspirée, qui met en valeur les petits producteurs basques, au cœur d'une brasserie contemporaine et design, ou, par beau temps, sur la grande terrasse située à l'arrière. Lors de notre passage : une soupe au curry du Cachemire, suivie d'une rascasse grillée, céleri et sabayon acidulé… Vraiment délicieux. (05 59 70 38 06 ; www.brasserie-basa-com ; 74 rue d'Espagne ; plats 12-28 €, formule/menu midi semaine 18/23 € ; tlj)

Brasserie du Trinquet Saint-André

BISTROT €

16 PLAN P. 66, D5

Tarte fine aux légumes, filet de truite et émulsion basilic, riz au lait aux agrumes… Des plats frais et sans chichis, relevés d'une belle ambiance, que l'on dévore le midi et les soirs de fin de semaine (ven-sam) dans la petite salle conviviale ou la joyeuse cour intérieure. Les autres soirs, planches et tapas prennent le relais. (05 59 42 43 66 ; 4 rue du Jeu-de-Paume ; tapas 5-13 €, plats 12-13 €, menu 15 € ; mar-sam et dim midi)

Ttipia

CIDRERIE €€

17 PLAN P. 66, C5

Les puristes diront que cette cidrerie n'a rien d'authentique (y en a-t-il de ce côté-ci des Pyrénées ?), mais on y passe à coup sûr un bon moment, surtout si on est entre copains et si c'est jour de match. Le menu traditionnel est à l'honneur mais on peut choisir ses différentes composantes à la carte. Et la *chuleta* (côte de bœuf) est fameuse. (05 59 46 13 31 ; ttipia.364.fr ; 27 rue des Cordeliers ; menu 11,50-33 €, plats 8-20 € ; mar-sam, dim midi et lun soir)

La Grange

BASQUE **€€**

18 PLAN P. 66, C5

Ambiance conviviale dans ce restaurant sous les arcades en bord de Nive, où les Bayonnais ont leurs habitudes. À la carte, merlu de ligne crème d'haricots tarbais ; filet de canette aux épices... servis sur l'agréable terrasse ou dans la jolie salle rustico-chic, tout en pierres apparentes. (05 59 46 17 84 ; www.lagrange-bayonne.fr ; 26 quai Galuperie ; plats 22-25 €, plat/formule déj 16/21 €, menus 28,50-41 € ; mar-sam)

L'Inattendu

BISTRONOMIQUE **€€**

19 PLAN P. 66, C5

L'ancienne Auberge du Petit Bayonne, reprise en 2018 et rénovée dans un style bohème chic, s'est déjà forgé une solide réputation. Le chef Mathieu Salmon, qui a fait ses armes dans certains des établissements phares de la région, y façonne une cuisine de saison fine et pleine de saveurs, qui magnifie – tant à l'œil qu'au palais – les bons produits du cru. (05 59 59 83 44 ; www.linattendubayonne.com ; 23 rue des Cordeliers ; formule/

Festayres dans les rues de Bayonne

Terrasse au bord de l'eau

menu carte 33/39 €, plats 24 € ; été soir lun-sam, hors saison soir lun et mer-sam, et sam midi)

Auberge du Cheval Blanc

GASTRONOMIQUE €€€

20 PLAN P. 66, D4

Truite de Banka marinée à l'huile d'olive et espuma de betterave ; merlu en croûte de cacahuètes, asperges et févettes ; sablé d'abricots caramélisés et glace verveine... Le chef Jean-Claude Tellechea revisite avec inspiration la cuisine du terroir, à partir de produits régionaux soigneusement sélectionnés. (05 59 59 01 33 ; www.cheval-blanc-bayonne.com ; 68 rue Bourgneuf ; menu sem 25 €, menus 45-74 €, plat 24 € ; midi mar-ven et dim, soir mar-sam)

Prendre un verre

Ibaïa

BODEGA ET BAR À VINS

21 PLAN P. 66, B5

Ce vaste bar à vins, avec son agréable terrasse installée au bord de la Nive, est l'un des plus anciens de Bayonne. C'est le lieu idéal pour prendre un verre autour de quelques pintxos ou de tapas un peu plus consistantes : camembert de brebis rôti au patxaran, piments de Padrón frits, planches de fromage ou de cochonnaille... Il ne vous reste plus qu'à vous régaler ! (05 59 59 86 66 ; facebook.com/ibaiabayonne ; 45 quai Jauréguiberry ; pintxos 2 €, planches et "rations" 5-16 € ; tlj en saison, mar-sam hors saison)

Chai Ramina

INSTITUTION FESTIVE

22 PLAN P. 66, B5

Au comptoir, Kiki a pris la relève de Ramina, l'ancien joueur de rugby, mais ce troquet mythique reste le point de ralliement des amateurs de ballon ovale, et de fête en général (notamment pendant les fêtes de Bayonne). Frayez-vous un chemin, admirez le bric-à-brac et appréciez l'ambiance. (05 59 59 33 01 ; 11 rue Poissonnerie ; mar-sam)

Le Dacquois

BAR À VINS ET À TAPAS

23 PLAN P. 66, A5

Ce petit bar à vins resté dans son jus, avec des touches fifties, est une autre institution bayonnaise. L'agréable terrasse donnant sur la rue piétonne constitue un joyeux prétexte pour venir y partager un verre autour d'une planche de charcuterie, ou, en fin de semaine, de quelques tapas. (05 59 59 29 61 ; 48 rue d'Espagne ; mar-sam)

Katie Daly's

PUB

24 PLAN P. 66, B4

Vaste et beau pub irlandais, qui, dans la grande tradition, sert au comptoir force bières et whiskies, et brasse une faune bigarrée, surtout les soirs de match. (09 67 81 34 39 ; facebook.com/KatieDalysBayonne ; 3 pl. de la Liberté ; mar-sam)

P'tit Pub

FESTIF

25 PLAN P. 66, C5

Une adresse appréciée du Petit Bayonne, notamment pour ses bières artisanales locales et son ambiance conviviale les soirs de match. (05 59 74 16 15 ; www.lepetitpub.com ; 6 rue des Tonneliers ; mar-dim soir)

Sortir

La Luna Negra

CAF'CONC

26 PLAN P. 66, B5

Cet endroit très vivant, ouvert à tous les horizons, s'inscrit dans la plus pure tradition du café-théâtre. Théâtre, improvisation, one-man-show, flamenco mais aussi musiques pop, folk, jazz, blues, soul sont à l'honneur. (05 59 25 78 05 ; www.lunanegra.fr ; 7 rue des Augustins ; tarif plein/réduit et -12 ans/10-17/5-8/4 €, gratuit -6 ans ; mer-sam à partir de 19h)

L'Atalante

CINÉMA D'ART ET ESSAI

27 PLAN P. 66, D2

Une belle programmation, des films en VO, des rencontres avec des réalisateurs, des expositions, des concerts et un bar très agréable avec vue sur la Nive. Ce lieu accueillant et dynamique confirme la vocation culturelle du quartier Saint-Esprit. (05 59 55 76 63 ; atalante-cinema.org ; 3-5 quai Amiral-Sala, quartier Saint-Esprit ; tarif plein/réduit/20-25 ans/-20 ans 7/5,50/5/4,50 €)

Théâtre Michel Portal

SPECTACLES

28 PLAN P. 66, B3

Sur la place de la Liberté, au confluent de la Nive et de l'Adour, ce beau théâtre à l'italienne début XIXe siècle accueille la programmation pluridisciplinaire (théâtre, concerts, ballets, cirque...) de la Scène nationale du Sud-Aquitain. (05 59 59 07 27 ; www.scenenationale.fr ; pl. de la Liberté ; billetterie mar 13h-17h30, mer-ven 10h-13h et 14h-17h30, sam 10h-13h)

Shopping

Halles

MARCHÉ

29 PLAN P. 66, B5

Outre le marché quotidien, une brocante se tient le vendredi matin sur le carreau des halles, ainsi qu'un marché des producteurs le samedi matin. (Centre-ville ; lun-jeu 7h-13h30, ven 7h-14h30, sam 6h-14h30, dim 8h-14h30)

Le béret, accessoire indispensable !

TXAKEL / STOCK.ADOBE.COM ©

Maison Montauzer

CHARCUTERIE

30 PLAN P. 66, B4

Cette maison familiale, qui perpétue son savoir-faire artisanal depuis trois générations, est l'une des meilleures adresses pour le jambon de Bayonne – notamment pour sa version haut de gamme, l'Ibaïama. (05 59 59 07 68 ; www.montauzer.fr ; 17 rue de la Salie ; lun 9h30-13h et 14h-19h15, mar-sam 7h-19h15)

Pierre Ibaïalde

SALAISONS ET CONSERVES

31 PLAN P. 66, C5

Cet artisan conserveur salaisonnier, installé dans le Petit Bayonne, prépare lui-même ses jambons et distille son savoir-faire au cours de visites (5 € dégustation incluse ; sur réservation) de son atelier (saloir et séchoir). (05 59 25 65 30 ; www.pierre-ibaialde.com ; 41 rue des Cordeliers ; été tlj, nov-déc et fév-mars mar-ven, avr-mai mar-sam, oct lun-ven et sam matin, fermeture annuelle jan)

Jean-Vier

LINGE BASQUE

32 PLAN P. 66, B4

La célèbre marque de linge de maison basque a racheté Berrogain en préservant le cadre de cette maison historique fondée en 1800. (05 59 59 16 18 ; www.jean-vier.com ; place des Cinq-Cantons ; lun-sam été et déc 10h-19h, reste de l'année 10h-13h et 14h-19h)

Jacky

BÉRETS BASQUES

33 PLAN P. 66, B4

Dans cette boutique de vêtements pour hommes, on trouve également des bérets fabriqués à la main. (05 59 59 75 65 ; 15 rue Port-de-Castets ; mar et jeu-sam 10h-19h, lun 14h-18h, mer 10h-12h30 et 14h-19h)

Makilas Léoncini

CANNES TRADITIONNELLES

34 PLAN P. 66, A5

On vient surtout dans ce petit atelier pour observer le travail de M. Léoncini, l'un des derniers fabricants de makilas, ces cannes basques de marche, sculptées dans du bois de néflier, dont la pointe effilée servait autrefois à se défendre. (05 59 59 18 20 ; 37 rue Vieille-Boucherie ; horaires flexibles, se renseigner)

Elkar

LIBRAIRE ET AGITATEUR CULTUREL

35 PLAN P. 66, C5

Leader de l'édition et de la librairie au Pays basque espagnol (la maison mère est à Saint-Sébastien), Elkar est intimement lié à Bayonne et au milieu culturel basque. Vous y trouverez ainsi les meilleures références sur la langue, l'histoire ou la littérature basques, ainsi que tout ce qui s'édite de musique dans les sept provinces. (05 59 59 35 14 ; www.elkar.com ; 9 rue des Gouverneurs ; lun-sam 10h-19h)

Tradition florissante

Le Béret Français (06 89 86 44 15 ; www.leberetfrancais.com ; 28 ch. de Trouillet ; lun-ven 8h-12h et 13h-16h) est une “nouvelle” fabrique de bérets qui reprend le fil (de laine) d'une tradition ancestrale. Son créateur a en effet retrouvé le point permettant au célèbre couvre-chef de s'adapter à toutes les têtes sans utiliser d'élastique. Qualité et succès sont au rendez-vous. Boutique sur place et visites guidées de l'atelier (3 €, gratuit -10 ans ; sur réservation).

Explorer

Anglet

Blottie entre l'élégante Biarritz et l'historique Bayonne, Anglet est bien plus qu'une cité tampon. La "petite Californie" possède, le long de ses 4,5 km de côtes, 11 plages qui font le bonheur des surfeurs, une belle promenade littorale, tout un réseau de pistes cyclables et deux poumons verts que sont les pinèdes du Pignada et du Lazaret. Décontractée et familiale, il y fait bon vivre à l'année.

De bon matin, optez pour un programme sportif et iodé : séance de surf (p. 81), jogging le long de la plage ou parcours de golf (p. 82) face à l'océan... Les lève-tard pourront passer directement à l'étape brunch au Seaside Café (p. 82), tandis que les gourmets s'attarderont aux halles des Cinq-Cantons (p. 85). L'après-midi, prenez un shoot de nature en vélo dans la forêt du Pignada (p. 81) puis de caféine à La Torref' (p. 84). Le soir, étirez l'apéro jusqu'au dîner à Beach House (p. 84), ou prenez une table à L'Avant-Scène (p. 83) avant un spectacle au Théâtre Quintaou (p. 85).

Comment y aller

Les gares de Bayonne et de Biarritz se trouvent à environ 6 km d'Anglet.

L'aéroport de Biarritz Pays Basque, situé à Anglet, est à 3,5 km du centre.

Le réseau de transport **Chronoplus** (☎ 05 59 52 59 52 ; www.chronoplus.eu) relie facilement Anglet à Biarritz et Bayonne.

Plan d'Anglet p. 80

Plage d'Anglet et phare de Biarritz (p. 40)

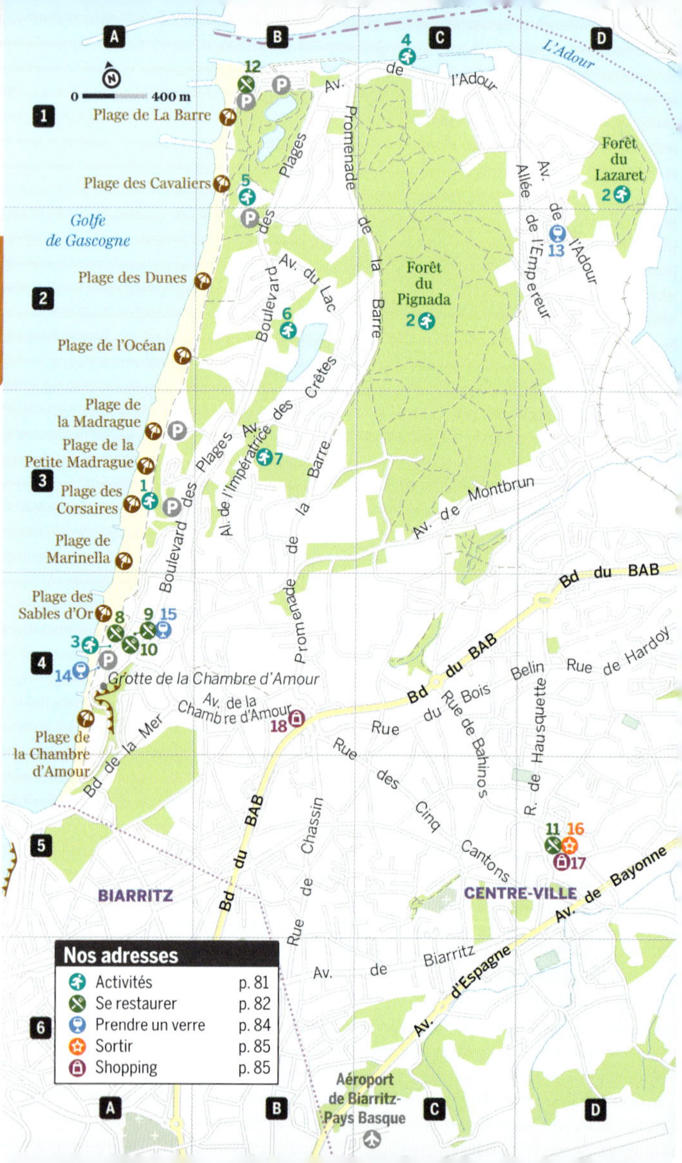

A B C D
1 2 3 4 5 6
0 400 m
L'Adour
Av. de l'Adour
Plage de La Barre
Plage des Cavaliers
Golfe de Gascogne
Plage des Dunes
Plage de l'Océan
Plage de la Madrague
Plage de la Petite Madrague
Plage des Corsaires
Plage de Marinella
Plage des Sables d'Or
Grotte de la Chambre d'Amour
Plage de la Chambre d'Amour
Boulevard des Plages
Av. du Lac
Promenade de la Barre
Forêt du Pignada
Forêt du Lazaret
Allée de l'Empereur
Av. de l'Adour
Av. des Crêtes
Al. de l'Impératrice
Av. de Montbrun
Bd du BAB
Av. de la Chambre d'Amour
Bd de la Mer
Rue du Bois Belin
Rue de Hardoy
Rue de Bahinos
R. de Hausquette
Rue des Cinq Cantons
Rue de Chassin
BIARRITZ
CENTRE-VILLE
Av. de Bayonne
Av. d'Espagne
Av. de Biarritz
Aéroport de Biarritz-Pays Basque
1 2 3 4 5 6 7 8 9 10 11 12 13 14 15 16 17 18

Activités

Promenade littorale

MARCHE ET JOGGING

1 PLAN P. 80, A3

Très bien aménagée en front de mer, cette promenade de 4,5 km longe les 11 plages d'Anglet, depuis celle du VVF jusqu'à celle de La Barre. Elle est empruntée par de nombreux adeptes du jogging.

Forêts du Lazaret et du Pignada

PARCOURS SPORTIF

2 PLAN P. 80, C2, D1

Sur une surface de 250 ha, soit près de 10% du territoire de la commune, ces forêts de pins ont été aménagées pour les marcheurs, joggeurs et cyclistes. Victime d'un incendie en juillet 2020, le site est en partie inaccessible au public (renseignez-vous auprès de l'office du tourisme).

Anglet Surf Club

SURF

3 PLAN P. 80, A4

Anglet compte une dizaine d'écoles de surf (l'office du tourisme vous en fournira la liste) ainsi que ce club associatif – ouvert à l'année –, le premier en France par son nombre de licenciés. (05 59 03 01 66 ; www.angletsurf.org ; 5 espace de l'Océan, Chambre-d'Amour)

Yacht Club Adour Atlantique

VOILE ET PÊCHE

4 PLAN P. 80, C1

Stages d'initiation et de perfectionnement sur le bateau du

Surfer à Anglet

Anglet à vélo

Anglet compte 18 km de pistes cyclables, dont celles situées dans les forêts du Lazaret et du Pignada (voir p. 81), et celle qui longe le boulevard des Plages et mène jusqu'à Bayonne, via l'avenue de l'Adour. Pour louer un vélo, rendez-vous p. 149.

club (à partir de 15 ans), sorties de découverte, ainsi que des sorties de pêche en mer (60 €/pers la demi-journée). (06 61 44 50 13 pour la voile, 05 59 63 60 31 pour la pêche ; www.ycaa-voile.fr, www.ycaa-peche.fr ; port de plaisance, 118 av. de l'Adour)

Atlanthal — THALASSO

5 PLAN P. 80, B1

Sur la plage des Cavaliers : des soins et activités à la carte (soins 35-95 €, accès thalasso demi-journée 26-28 €), un club de fitness, sauna, hammam, Jacuzzi, et un bassin d'eau de mer chauffée à 33°C. (05 59 52 75 55 ; www.atlanthal.com/fr ; 153 bd des Plages, Anglet)

Golf de Chiberta — FAMEUX 18 TROUS

6 PLAN P. 80, B2

Dessiné dans les années 1920, ce très beau parcours de 18 trous est apprécié pour son cadre entre mer, lac et pinède. Il est idéal pour s'essayer aux links – comptez 67/89 € selon la saison. (05 59 52 51 10 ; www.golfchiberta.com ; 104 bd des Plages ; été tlj 8h-19h, hors saison jusqu'à 18h ou 17h, ven-mer et tlj vac scol)

Golf de l'Impératrice — 9 TROUS

7 PLAN P. 80, B3

Plus récent et petit, ce 9 trous conviendra mieux aux débutants – environ 1 heure 15 sur un parcours assez plat, à partir de 27 €. (05 59 52 61 00 ; av. de l'Impératrice ; été tlj 8h-19h, hors saison jeu-mar et tlj vac scol, jusqu'à 18h ou 17h)

Se restaurer

Seaside Café — BRUNCH €

8 PLAN P. 80, A4

La bonne adresse de la plage des Sables d'Or où l'on se rue pour combler sa faim après une session de surf matinale : des assiettes de brunch généreuses, servies de 10h à 15h, et aussi, en continu, un choix de smoothies, pancakes, *poke bowl*... (05 59 63 88 66 ; www.seaside-cafe.com ; 1 esplanade des Gascons ; plats 12,50-17 €, assiettes brunch 12,50-19,50 € ; tlj, fermé mer-jeu et le soir hors saison)

Beach House — FUSION €

9 PLAN P. 80, A4

Avec son cadre très cosy-californien et sa cuisine basco-fusion originale, ce bar-restaurant figure parmi les incontournables d'Anglet. Également, les soirs d'été, une guinguette plus informelle pour les petites faims (et soifs)

LEGABATCH / FOTOLIA ©

Balade sur la plage d'Anglet

après la plage. Réservation conseillée. (05 59 15 27 17 ; www.beachhouseanglet.com ; 26 av. des Dauphins ; tapas 9-12 € ; plats 15-22 € ; juil-août tlj, avr-juin et sept-déc mer-sam et dim midi)

Le Comptoir Iodé

POISSONS €

10 PLAN P. 80, A4

Des saveurs marines, de la simplicité et une touche de créativité, voici le trio gagnant de ce bistrot moderne et décontracté. Huîtres locales, choucroute de la mer, merlu à l'espagnole et petits légumes de saison… ainsi que quelques suggestions carnées. (05 59 50 25 98 ; 7 pl. des Docteurs-Gentilhe ; plats 15-30 €, formule/menu midi sem 15/20 € ; été tlj, hors saison midi mer-lun et soir ven-sam)

L'Avant-Scène

BISTRONOMIQUE €

11 PLAN P. 80, D5

Cette brasserie contemporaine installée à l'entrée du théâtre Quintaou n'a plus à faire ses preuves ! L'inventivité et la fraîcheur de ses plats, son cadre atypique et son personnel souriant font d'elle la halte gourmande idéale à l'heure du déjeuner. Réservez. (05 59 01 70 95 ; facebook.com/lavantscene64 ; théâtre de Quintaou, 21-23 rue Albert-le-Barillier ; plats 13-23 €, formule/menu 16/19 € ; mar-dim midi, et soirs de spectacle)

La Concha

PRODUITS DE LA MER €€

12 PLAN P. 80, B1

Une grande brasserie où poissons et crustacés sont à l'honneur. Vue sur l'océan et ses surfeurs, et

La légende de la Chambre d'Amour

Au bout de la plage de la Petite Chambre d'Amour, se niche une grotte qui, au XVIIe siècle, fut la scène d'un drame dont on parle encore... Saubade, fille d'un riche paysan, et Laorens, orphelin sans fortune, avaient coutume de s'y retrouver pour s'aimer en secret. Lorsqu'un jour, ils furent surpris, non pas par le père de la jeune fille, opposé à leur union, mais par la marée montante, qui les emporta au loin, scellant leur amour pour l'éternité.

également, depuis la salle, sur la patinoire d'Anglet, où évoluent de gracieuses créatures. Le service est rapide malgré l'importante fréquentation. Un classique. (05 59 63 49 52 ; www.laconcha.fr ;299 av. de l'Adour, La Barre ; plats 10-30 €, plateau fruits de mer 42 €, formule/menu midi 24/28 € ; mer-lun)

Prendre un verre

La Torref' COFFEE SHOP

13 PLAN P. 80, D2

Ce *coffee shop* cosy, tenu par un couple de passionnés, vaut largement la peine de s'éloigner un peu du cœur animé d'Anglet. Les cafés, issus de petites coopératives, sont torréfiés sur place et varient en fonction des saisons. Ils se goûtent en version expresso, americano, macchiato, cappuccino, mochaccino, caramelatto... et accompagnés d'une part de délicieux gâteau maison. (www.latorref.com ; 133 av. de l'Adour ; mar-ven 8h30-18h30, sam 9h-18h30, dim 9h-13h30)

La Chope INSTITUTION

14 PLAN P. 80, A4

C'est un repaire de surfeurs et le lieu de rendez-vous dominical des Angloys. Terrasse face à la mer pour les beaux jours, superbe bar en bois clair et atmosphère relax à l'intérieur. Spécialités maison : bières, mojitos et ti-punch. Concerts et soirées foot/rugby. (06 11 13 40 31 ; facebook.com/lachopeangelu ; 7 espl. des Gascons ; en saison tlj 10h-2h, hors saison dim et mar-jeu 10h-minuit, ven-sam 10h-2h, fermé jan)

Vent d'Ouest Café BAR À COCKTAILS

15 PLAN P. 80, A4

Un bar face à l'océan ouvrant sur l'esplanade des Gascons et une superbe terrasse panoramique au 2e étage de l'Espace de l'Océan, le centre de congrès à l'architecture Art déco. En saison, des concerts et des DJ animent les soirées. (05 59 03 89 88 ; www.vo-cafe.com ; 5 pl. des Docteurs-Gentilhe ; lun-ven 10h-minuit, sam-dim 9h-2h)

Beach House BRANCHÉ

La terrasse lounge qui borde la piscine de la Beach House (voir 9 plan p. 80, A4) est le spot rêvé pour chiller autour d'un verre, et permet même de caler un creux, lorsque la soirée s'éternise. Concerts et sets de DJ ponctuellement programmés. (05 59 15 27 17 ; www.beachhouseanglet.com ; 26 av. des Dauphins ; juil-août tlj dès 15h, hors saison mer-jeu 17h-minuit et ven-sam 15h-minuit)

Sortir

Théâtre Quintaou SPECTACLES

16 PLAN P. 80, D5

Face à la place du marché de Quintaou, cet édifice contemporain, à l'ossature de bois et de verre, accueille la riche programmation de la Scène nationale du Sud-Aquitain (musique, théâtre, danse, cirque...). (05 59 58 73 00 ; www.scenenationale.fr ; 1 allée de Quintaou ; billetterie mar 13h-17h, mer-ven 10h-13h et 14h-17h30)

Shopping

Marché et puces de Quintaou MARCHÉ ET BROCANTE

17 PLAN P. 80, D5

Ce marché en plein air est devenu une référence avec ses producteurs qui viennent de tout le Pays basque. Le 4e samedi du mois (sauf décembre : 3e samedi du mois), une brocante (150 exposants) se tient sur cette même esplanade de 8h à 18h.

À chacun son bac à sable

Anglet égrène le long de son littoral 11 plages, ayant chacune son caractère...

Culture surf : plage des Cavaliers, plage du Club (n'existe qu'à marée basse), plage de l'Océan.

Les plages "d'jeuns" : plage des Corsaires, plage de Marinella.

Les sauvages : plage des Dunes, plage de l'Océan.

Familiale et sélecte : plage de la Madrague (avec la Petite Madrague, c'est la plus branchée d'Anglet) et de la Petite Chambre d'Amour.

La sportive : plage des Sables d'Or.

(www.puces-quintaou.com ; espl. de Quintaou ; marché jeu et dim matin)

Halles des Cinq-Cantons MARCHÉ COUVERT

18 PLAN P. 80, B4

Dans ces halles contemporaines rutilantes, il fait bon se retrouver pour faire quelques emplettes, et casser la croûte à l'heure de l'apéro. (13 rue Paul-Courbin ; marché été tlj 8h-14h et ven 16h-20h, hors saison fermé lun, restaurants mar-sam 8h-14h30 et 18h-21h, jusqu'à 22h été et ven-sam, dim 9h-17h)

Explorer
Bidart

Plus discrète que Biarritz et Guéthary, ses voisines, la commune de Bidart, du haut de ses falaises, n'en possède pas moins de sérieux atouts : 5 km de côtes aux belles plages sauvages, un centre piétonnier typique absolument charmant, un golf réputé, plusieurs bons restaurants... Elle est aussi le point de départ de "Talaia", le sentier du littoral qui court jusqu'à Saint-Sébastien.

Débutez par une session de surf (p. 90) ou de golf (p. 91). Baladez-vous dans le centre du village, admirez sa belle place centrale (p. 89), puis installez-vous pour déjeuner à La Tantina de la Playa (p. 92) ou à L'Antre (p. 92). Pour digérer, empruntez une partie du sentier du littoral (p. 94) jusqu'aux chapelles Sainte-Madeleine (p. 89) et Saint-Joseph (p. 89), où la vue est superbe. Louez ensuite un vélo pour faire le plein de gâteaux basques au Moulin de Bassilour (p. 93). Le soir, dînez chez Elements (p. 92) ou chez Les Frères Ibarboure (p. 93).

Comment y aller

La ligne 3 des bus **Car Express** (www.carexpress-hendaye-bayonne.fr) relie Bidart à Bayonne, Biarritz et Saint-Jean-de-Luz.

Le bus n°44 du réseau **Chronoplus** (www.chronoplus.eu) fait la liaison entre Bidart et Biarritz, tandis que les bus n°38 et n°46 poussent jusqu'à Bayonne, via Anglet.

Plan de Bidart p. 88

Plage de Bidart MIKEOSPHOTO / STOCK.ADOBE.COM ©

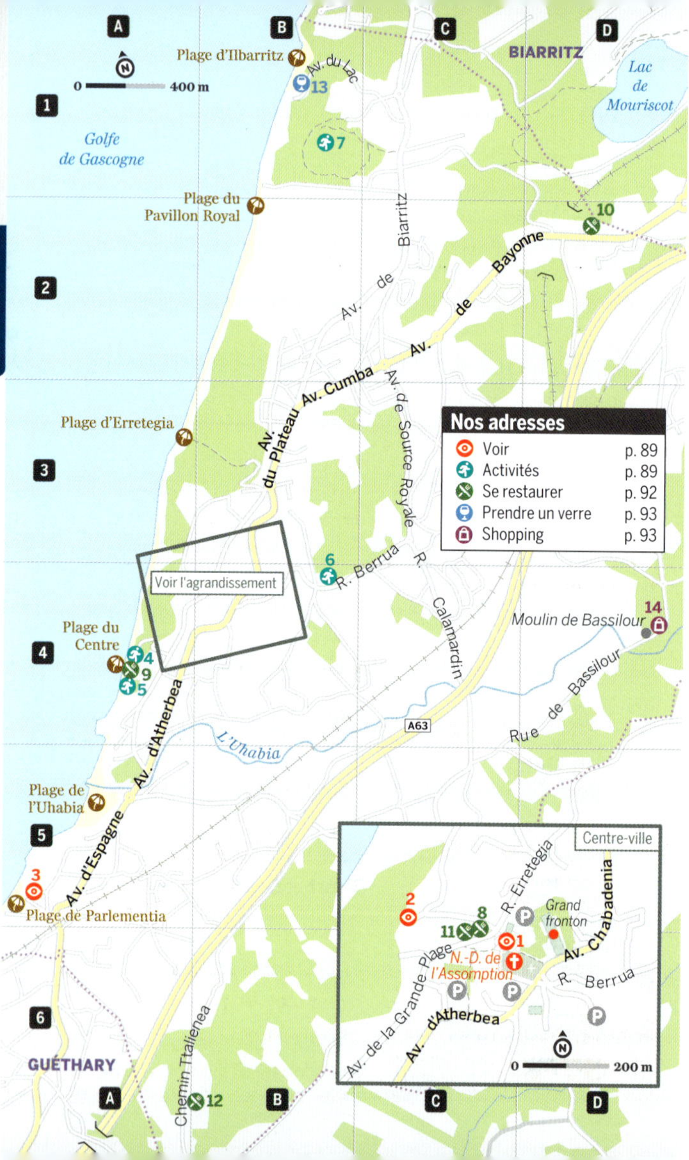

Nos adresses

Voir	p. 89
Activités	p. 89
Se restaurer	p. 92
Prendre un verre	p. 93
Shopping	p. 93

Voir

Place centrale

TRILOGIE BASQUE

1 PLAN P. 88, CARTOUCHE

La place principale de Bidart est un bel exemple de trilogie basque : la mairie de style néobasque voisine en parfaite harmonie avec l'église Notre-Dame-de-l'Assomption (XVIe siècle, partiellement restaurée au XXe siècle après un incendie), son clocher-porche et le fronton. Elle est aussi la scène de traditions bien vivantes : tous les 1ers samedis du mois, s'y tiennent le Bidarten Kantuz (chants traditionnels), et chaque 2e dimanche du mois, le Mutxiko (danses traditionnelles), tandis que de fin juin à mi-septembre, des parties de pelote à main nue s'y déroulent le samedi soir et le dimanche matin.

Ona pilota (p. 90)

Le Pass Uhabia

En juillet-août, ce pass permet de profiter gratuitement (jusqu'à 21h30), au départ de Bidart, des bus nos 44, 46, 54, puis des connexions du réseau **Chronoplus** (www.chronoplus.eu). Le billet se prend directement auprès du conducteur.

Chapelles

PANORAMAS

Témoins du passé maritime de Bidart, qui s'illustra dans la chasse à la baleine entre le XIIe et le XVe siècle, ces deux chapelles juchées sur la falaise offrent des beaux panoramas. Détruite en 1817 et reconstruite en 1820, la **chapelle Sainte-Madeleine** (2 plan p. 88, cartouche), dédiée aux marins, permet, par temps dégagé, d'admirer toute la côte jusqu'à l'Espagne. Une table d'orientation a été aménagée en contrebas. Dominant le quartier Parlementia, la **chapelle Saint-Joseph** (3 plan p. 88, A5), frontière symbolique entre **Bidart** et **Guéthary**, a été édifiée en 1684.

Activités

École des Vagues

SURF

4 PLAN P. 88, A4

Cofondée par François Delanne, un ancien champion de France, l'école

Cours de surf

Bidart compte six plages surveillées : **Ilbarritz, Pavillon royal, Erretegia, plage du Centre, Uhabia** et **Parlementia**. Sur chacune d'entre elles vous trouverez une ou deux écoles de surf ; l'office du tourisme vous en fournira la liste. Le prix d'un cours collectif de 1 heure 30 tourne autour de 40 € et d'un stage de 3 ou 5 jours autour de 120-190 €.

propose des cours dès 6 ans (cours collectif/particulier 45/90 €). Location de planches. (06 10 26 71 81 ; www.ecoledesvagues.com ; plage du Centre)

Bidarteko Surf Club

SURF

5 PLAN P. 88, A4

Ce club associatif ouvert à l'année propose, en juillet-août, des cours et stages aux non-licenciés – enfants et adultes. (www.bidarteko.com ; plage du Centre ; cours collectif 40 € ; stage 3/5 jours 110/170 € ; stage 6-10 ans 5 jours 115 €)

Ona Pilota

PELOTE BASQUE

6 PLAN P. 88, B4

Le must pour s'initier à la pelote basque ? Aller claquer des balles sur le *jaï alaï* avec Jon et Patxi, deux frères, anciens joueurs professionnels sacrés champions du monde, revenus au pays après avoir fait carrière aux États-Unis. Et pour être vraiment incollable sur la discipline, prenez le temps

Château d'Ilbarritz

Le château fou d'Ilbarritz

Difficile de manquer la grande demeure fantomatique qui surplombe la plage d'Ilbarritz, vestige du domaine de 60 ha que fit aménager, en 1898, le richissime baron Albert de l'Espée. Fantasque et passionné de musique, il fut le premier à s'installer sur ce qui n'était alors qu'une lande sauvage, entre Biarritz et Bidart. La maison principale, toujours debout, fut érigée pour abriter... un orgue, sur lequel L'Espée aimait jouer des œuvres de Wagner, face à la mer. Tout autour, galeries, chemins couverts, pavillons, dépendances et sept cuisines (dont une seule subsiste aujourd'hui, investie par Blue Cargo, p. 93)... En 1911, il vendit son domaine, qui connut alors une destinée mouvementée. En 1914, l'orgue fut transféré au Sacré-Cœur de Montmartre. Depuis 1990, le château est partiellement classé au titre des monuments historiques. Le millionnaire Bruno Ledoux l'a racheté en 2014 avec le projet de le transformer en hôtel de luxe.

de visiter leur atelier de confection et réparation de chisteras et de pelotes (1 heure ; 5 €). (06 26 76 66 88, 06 74 80 11 17 ; www.onapilota.com ; 597 rue Berrua ; cours collectif/particulier 25/65-110 € ; sur réservation)

Golf d'Ilbarritz — 9 TROUS

7 PLAN P. 88, B1

Ce superbe golf en bord de mer est surtout connu pour son centre international d'entraînement (practice circulaire de 7 ha avec 13 ateliers regroupés par thème et niveau de difficulté). Il existe sur place plusieurs écoles pour s'initier et se perfectionner, la plus ancienne étant celle de **Philippe Mendiburu** (05 59 43 77 87, 06 15 96 47 43 ; www.mendiburu-golf.com). (05 59 43 81 30 ; www.golfilbarritz.com ; av. du Château ; parcours 30-40 € selon saison)

Menditalde — RANDONNÉE

Cette association organise tous les jeudis en juillet-août des randonnées à la journée en moyenne montagne (environ 600 m de dénivelé) accessibles à tous les marcheurs en bonne santé et bien équipés – gratuit, possibilité de covoiturage ; calendrier sur le site Internet. (06 78 02 82 42 ; menditalde.free.fr)

Voie verte de l'Uhabia — VÉLO

Récemment inaugurée, cette voie verte offre une promenade bucolique à pied ou à vélo depuis la plage Uhabia jusqu'au Moulin de Bassilour (p. 93). Il est possible de poursuivre sur une piste cyclable jusqu'à la technopole Izarbel. Plan

Manger les pieds dans l'eau

La Plancha d'Ilbarritz (05 59 23 44 95 ; laplancha-ilbarritz.com ; plage d'Ilbarritz ; plat 24,30-27 € ; fév-nov mar-dim, tlj en été). Poissons bien préparés et assiettes généreuses dans ce restaurant ouvert sur la plage d'Ilbarritz.

Bahia Beach (05 59 26 59 69 ; ch. Barognenia ; plats 13-23 € ; tlj en saison). Une paillote à la cuisine brasserie plutôt correcte et surtout, en première ligne sur la mer, face à la plage de Parlementia. Le spot idéal par beau temps.

du parcours disponible à l'office du tourisme (1 €). Pour louer un vélo, rendez-vous p. 149.

Se restaurer

Venta Gaxuxa

À LA PLANCHA **€€**

8 PLAN P. 88, CARTOUCHE

Ce n'est plus tout à fait une épicerie, mais l'on vient toujours y déguster en terrasse de savoureuses assiettes de charcuterie à l'heure de l'apéro. Également des plats traditionnels d'une belle générosité et d'une grande fraîcheur : ris de veau aux cèpes, merlu à l'espagnole, axoa de veau, chipirons à la plancha... En été, réservez. (05 59 54 88 70 ; www.ventagaxuxa.com ; av. de la Grande-Plage ; plats 11-24 €, menu 24 € ; juil-août et vac scol tlj sauf lun, hors saison mer-dim)

La Tantina de la Playa

PRODUITS DE LA MER **€€**

9 PLAN P. 88, A4

La terrasse panoramique avec vue sur l'océan constitue un atout indéniable. Les poissons sont de première fraîcheur : dorade ou merlu à l'espagnole, dos de morue salsa verde, lotte piperade... Une belle affaire. (05 59 26 53 56 ; www.tantinadelaplaya.com ; plage du Centre ; plats 16-42 € ; tlj mi-déc à mi-nov)

Elements

CUISINE INSPIRÉE **€€**

10 PLAN P. 88, D2

Des produits locaux ultrafrais, un mode de cuisson simplifié, beaucoup d'inventivité et une grande dose de talent... Autant d'ingrédients à l'origine du succès fulgurant d'Anthony Orjollet et de son troquet gourmet et détendu, premier-né d'une fratrie (voir EpoQ, p. 47). Et ce, malgré son emplacement peu attrayant : en bord de nationale. Réservez. (09 86 38 08 51 ; www.restaurant-elements.com ; 1247 av. de Bayonne ; plats 9-25 € ; mar-ven et sam soir)

L'Antre

CUISINE DE MARCHÉ **€€**

11 PLAN P. 88, CARTOUCHE

En plein cœur du village, cette petite adresse fardée de rouge cultive avec maîtrise le bio, le local et le tout-fait-maison (pain et beurre compris). Dans la salle aux allures de bistrot moderne, le chef Luke Dolphin fait parler les meilleures matières premières du coin avec finesse, tandis que sa femme, Laetitia, assure l'accueil, aux petits oignons. Réservez. (05 59 47 78 92 ; www.lantre-restaurant.fr ; 6 av. de la Grande-Plage ; plats 18-30 €, menus 40-60 € ; juil-août soir mar-sam, sept-juin soir ven-mar)

Les Frères Ibarboure

GASTRONOMIQUE **€€€**

12 PLAN P. 88, B6

Dans cette grande famille gourmande, la passion et le talent se transmettent d'une génération à l'autre (l'étoile est toujours là). Attendez-vous à de virtuoses variations sur la cuisine traditionnelle du pays. Jolies salles où se mêlent ambiance basque et design moderne. Terrasse fleurie. Et un beau parc de 2 ha, où se niche également un hôtel de charme. (05 59 54 81 64, 05 59 47 58 30 ; www.freresibarboure.com ; ch. de Ttalienea ; menu déj 52 €, menu 86-119 € ; juil-sept jeu-mar, oct-juin jeu-lun ; P)

Prendre un verre

Blue Cargo

BRANCHÉ

13 PLAN P. 88, B1

Un spot mythique où se bousculent jeunesse dorée et surfeurs des environs. Cette villa située au bout d'une petite route abrite un restaurant-bar à tapas, une terrasse entourée de verdure et un dancefloor à ciel ouvert quasiment sur la plage. Prix élevés, mais l'apéro au coucher du soleil, sur fond de musique live, est magique. (05 59 26 54 87 ; www.bluecargo.fr ; plage d'Ilbarritz ; tapas et planches 8-34 € ; tlj mi-avr à sept)

Marchés bidartars

Pour remplir votre panier de bons produits, rendez-vous tous les samedis matin sur la place du village, ainsi que le mardi matin, de juillet à mi-septembre (un marché fermier s'y tient) et le jeudi soir (18h-23h) en juillet-août.

Shopping

Le Moulin de Bassilour

BOULANGERIE-PÂTISSERIE

14 PLAN P. 88, D4

Les gourmands n'hésiteront pas à se rendre dans ce quartier excentré, où un joli moulin fabrique de la farine de maïs depuis 1741. La réputation de ses spécialités n'est plus à faire : gâteaux basques (parmi les meilleurs du pays), sablés, pain de maïs (la *méture*) ainsi que l'étonnant gâteau de maïs à l'anis (la miche) qui se savourait autrefois à Noël. (05 59 41 94 49 ; www.moulindebassilour.com ; 1129 rue Bassilour ; tlj 8h-13h et 14h30-19h)

Randonnée

Talaia, le sentier du littoral

Le sentier du littoral, ou Talaia ("tour de guet" en basque), qui court jusqu'à Saint-Sébastien, relie, sur sa partie française, Bidart à Hendaye. 25 km bien balisés, sans grande difficulté, qui peuvent se parcourir d'une traite ou par portions, grâce à l'excellent réseau de transports du littoral. Cette marche iodée permet de découvrir la côte et ses curiosités, tout en appréciant sa beauté sauvage.

La randonnée

Départ Plage d'Erretegia à Bidart

Arrivée Sokoburu à Hendaye

Distance et durée
25 km (environ 350 m de dénivelé) ; 6-7 heures

❶ De Bidart à Saint-Jean-de-Luz

C'est la première portion du sentier du littoral. Elle débute sur la plage d'Erretegia à Bidart et conduit aussitôt à la chapelle Sainte-Madeleine et à sa table d'orientation (p. 89). On prend alors la mesure du paysage et de la marche qui s'annonce : une alternance de plongées en surplomb de la côte et de descentes vers le chapelet de plages prisées des surfeurs. En chemin, le village de **Guéthary** (p. 97) invite à traîner le pas. Plus loin, on atteint la croix d'Archilua et son panorama grandiose qui porte, par temps dégagé, jusqu'à la côte landaise et l'Espagne, puis la Pile d'assiettes, une petite crique aux spectaculaires formations de flyschs. Clou de la promenade, la pointe Sainte-Barbe, qui domine la baie de **Saint-Jean-de-Luz** (p. 105). Distance, dénivelé et durée : 13,3 km, 340 m et 3 heures 30.

❷ De Saint-Jean-de-Luz à Hendaye

Après une incursion historique à Saint-Jean-de-Luz (p. 105), on traverse la Nivelle pour atteindre le village de **Ciboure** (p. 123). Son patrimoine architectural conduit au port de Socoa, où l'on s'arrête pour piquer une tête et admirer son fort (p. 127) avant de rejoindre son sémaphore. Commence ici la partie du sentier la plus sauvage, aux vues époustouflantes, longeant la **Corniche basque** (p. 124). Enfin, dernière étape, la plage de 3 km d'Hendaye (p. 133) qui mène à la baie de Txingudi (p. 138). Distance, dénivelé et durée : 11,8 km, 292 m et 3 heures.

❸ Et du côté espagnol ?

À Hendaye, la baie de Txingudi se prolonge jusqu'à Fontarrabie (p. 141), en Espagne. De là, le sentier (difficile) suit une côte escarpée, sublime, jalonnée d'anses préservées jusqu'à la rade de Pasaia (22 km, 780 m, 7 heures), puis se fait plus tranquille jusqu'à Saint-Sébastien (8 km, 300 m, 3 heures).

★ À savoir

- Le sentier se fragmente facilement : **trains** (oui.sncf) et **bus** (txiktxak.fr) desservent toutes les villes de la côte... Sans compter le **Topo**, la navette ferroviaire qui relie Saint-Sébastien à Hendaye (p. 141).
- Pour profiter d'un meilleur point de vue sur les reliefs espagnols du mont Jaizkibel et du massif des Trois-Couronnes (Aiako Harria, ou Peñas de Haya en espagnol), pratiquez le sentier de préférence du nord au sud... et à marée basse !
- Vous pouvez télécharger topos d'itinéraires, traces GPS et consulter l'état du sentier (parfois fermé par endroits en raison d'éboulements) sur le site randonnee.tourisme64.com/grands-itineraires/sentier-du-littoral.

Explorer

Guéthary

Chéri des artistes depuis la Belle Époque, le plus petit village de la Côte basque a un charme fou. L'ancien port de pêche baleinier, thonier puis sardinier, est devenu une station chic, tendance (et people), autant qu'un repaire de surfeurs. En plus du glamour – certes, étourdissant l'été – et des vagues, elle concentre sur son minuscule et adorable territoire plusieurs tables très appréciables.

Démarrez du bon pied par une session de marche aquatique ou de surf (p. 100), posez-vous ensuite pour déjeuner au restaurant Le Poinçon (p. 102), ou au Bar Basque Guéthary (p. 102). Grimpez jusqu'à l'église Saint-Nicolas (p. 100), apprenez-en plus sur le village au musée de Guéthary (p. 99), puis filez vers l'océan jusqu'à la jolie plage de Cenitz (p. 100). Rejoignez le centre à temps pour l'apéro (et le coucher du soleil) que vous prendrez chez Txamara (p. 102), avant un dîner d'auteur, version branchée, au Bar Providence (p. 101), ou étoilée, chez Briketenia (p. 102).

Comment y aller

Des TER directs desservent Guéthary plusieurs fois par jour au départ de Biarritz, Bayonne, Saint-Jean-de-Luz et Hendaye.

Le Car Express n°3 du réseau **Txik Txak** (www.txiktxak.fr) relie Guéthary à toutes les villes de la Côte basque.

Plan de Guéthary p. 98

Le charmant port de pêche de Guéthary BRAD PICT / STOCK.ADOBE.COM ©

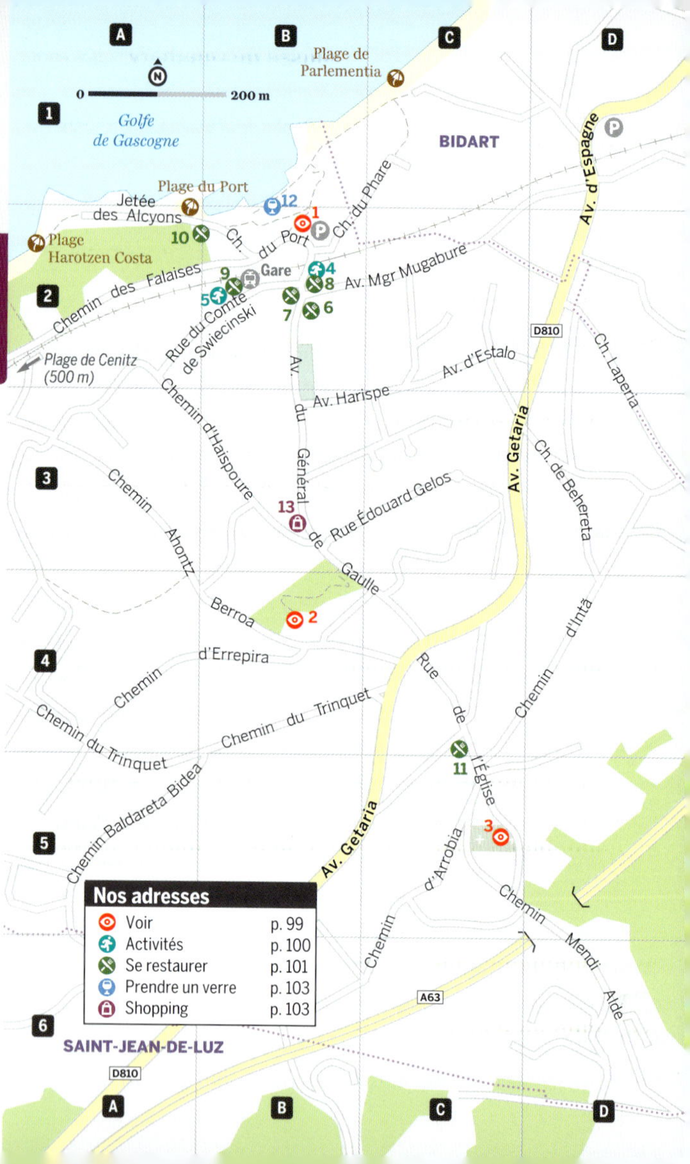
A
B
C
D
1
2
3
4
5
6
0
200 m
Golfe de Gascogne
Plage de Parlementia
BIDART
Plage du Port
Jetée des Alcyons
Plage Harotzen Costa
Plage de Cenitz (500 m)
Chemin des Falaises
Ch. du Port
Ch. du Phare
Gare
Av. Mgr Mugabure
Rue du Comte de Swiecinski
Av. d'Espagne
D810
Ch. Laperia
Av. d'Estalo
Av. Harispe
Av. du Général de Gaulle
Chemin d'Haispoure
Av. Getaria
Ch. de Behereta
Rue Édouard Gelos
Chemin Ahontz Berroa
Chemin d'Errepira
Chemin du Trinquet
Chemin d'Intâ
Rue de l'Église
Chemin Baldareta Bidea
Chemin d'Arrobia
Chemin Mendi Alde
A63
SAINT-JEAN-DE-LUZ
1
2
3
4
5
6
7
8
9
10
11
12
13
Nos adresses
Voir p. 99
Activités p. 100
Se restaurer p. 101
Prendre un verre p. 103
Shopping p. 103

Voir

Terrasse Pierre-Lious

VUE MER

1 PLAN P. 98, B2

Aménagée en 1913 au-dessus du port, cette terrasse panoramique plantée de tamaris est un lieu de choix pour contempler l'océan et les surfeurs. La vue s'étend de Biarritz à Fontarabie (Hondarribia en basque, Fuenterrabía espagnol). La sculpturale passerelle dessinée par l'architecte Henri Godbarge la relie à la **résidence Itsasoan**, l'ancien casino inauguré en 1926. À côté, se dresse la **résidence Getaria**, de style Art déco : c'était l'un des plus luxueux hôtels de la Côte basque dans les années 1930.

Musée de Guéthary

SCULPTURE

2 PLAN P. 98, B4

Installé dans la villa Saraleguinea (construite au début du XXe siècle par un "Basco-Américain" revenu au pays une fois fortune faite), le musée municipal expose la collection léguée par le sculpteur Georges Clément de Swiecinski (1878-1958), ainsi que des vestiges romains mis au jour lors de fouilles réalisées en 1984 à Guéthary. Ses murs racontent également, objets et photos à l'appui, l'histoire de l'ancien port baleinier, et accueillent, en saison, des expositions d'art contemporain. (05 59 54 86 37, 06 82 87 78 90 ; www.musee-de-guethary.fr ; 117 av. du Général-de-Gaulle ; tarif plein/-26 ans 2 €/gratuit ; lun et mer-sam,

Vue de Guéthary

juil-août 15h-19h, mai-juin et sept-oct 14h-18h)

Église Saint-Nicolas

ÉGLISE LABOURDINE

3 PLAN P. 98, C5

Au plus haut point du village, au-dessus de la D810, ce sanctuaire trapu du XVIe siècle, doté d'un porche couvert et d'un clocher-fronton, est dédié au patron des marins et des pèlerins. Par contraste, la décoration intérieure est très riche : poutres aux décors peints, galeries sur 3 niveaux, navire votif des églises de la côte, Christ et pietà du XVIIe siècle… Dans le cimetière repose Paul-Jean Toulet (1867-1920). Le poète *(Les Contrerimes)* et romancier s'était installé à Guéthary en 1916.

Activités

Le village compte 4 plages : **Parlementia**, à cheval sur Bidart et réputée pour sa vague ; celle du **port**, jadis prisée pour les bains de mer ; **Harotzen Costa** (au bout de la jetée des Alcyons), plus familiale ; et **Cenitz**, plus secrète, au pied de falaises couvertes de landes et chère au cœur de Frédéric Beigbeder (voir *Un roman français*). Elles réservent à marée basse de vastes piscines naturelles qui font la joie des enfants.

Le Fil Bleu

SURF, SUP ET MARCHE AQUATIQUE

4 PLAN P. 98, B2

Logée au-dessous du Bar Basque, cette école de surf, ouverte à

Surfeur prêts à en découdre, Guéthary

RÉGIS COUTURIER ©

l'année, propose aussi des cours de marche aquatique (20 €/personne) et des cours particuliers de paddle (99 € pour 1h30). Location de matériel également. (07 69 16 08 49 ; www.ecole-de-surf-guethary-bidart.com ; 563 av. du Général-de-Gaulle ; cours initiation 1 heure 30 46 €, stage 5 jours 2 heures/jour 160-190 €, cours particulier 1 heure 140 €)

École de surf Christophe Reinhardt

SURF

5 PLAN P. 98, B2

Professionnels et pédagogues, Christophe (dont le père Bruno fut l'un des "tontons surfeurs", voir p. 34) et son équipe proposent baptêmes de surf (en tandem), cours et stages. (06 88 57 38 26, 06 85 63 90 06 en juil-août ; www.ecole-de-surf-bidart.com ; 94 rue du Comte-de-Swiecinski, à côté du restaurant Le Poinçon ; cours initiation 2 heures 45 €, stage 5 jours 1 heure 30/jour 190 €, cours particulier 1 heure 30 120-140 € selon saison)

Se restaurer

Bar Providence

POP-UP CULINAIRE €

6 PLAN P. 98, B2

Ce petit corner aux allures de *coffee shop* new-yorkais prône le local, le sain et le bio. En journée, café fraîchement moulu, jus pressé à froid, quiche, salade du jour et gâteaux. Le soir, petits plats gourmets élaborés par le chef invité du moment. À déguster sur la petite terrasse colorée de mobilier récup' industriel. Événements artistiques et musicaux en saison. (09 72 83 44 60 ; www.providenceguethary.com ; 548 av. du Général-de-Gaulle ; plats 9-13 € ; juil-août et vac scol tlj, reste de l'année mer-dim 8h30-14h et 18h30-23h)

Le Madrid

INSTITUTION €€

7 PLAN P. 98, B2

En plein cœur du bourg. On y vient pour la belle terrasse avec vue sur mer, la cuisine bistrot moderne, et un peu aussi pour se montrer. La maison a été fondée en 1885, et le poète Paul-Jean Toulet y avait ses habitudes. À l'étage, 5 chambres douillettes aux tonalités sobres et à l'esprit rétro (d 70-175 € selon confort et saison). (05 59 26 52 12 ; www.lemadrid.com ; 563 av. du Général-de-Gaulle ; plats 12-30 € ; mi-avr à fin oct tlj, sinon mer-dim, fermé jan-fév ;)

Getari Enea

En contrebas de l'église de Saint-Nicolas, l'ancien cinéma du village vient de s'offrir une nouvelle jeunesse ! Géré par l'association GRAAC Getari Enea, il abrite désormais un lieu à vocation multiple : projection de films d'art et d'essai, ateliers artistiques et numériques, résidence d'artistes, expositions, café associatif, petite librairie... (06 08 41 41 16 ; 77 rue de l'Église ; www.getarienea.com)

Bar Basque Guéthary

À LA PLANCHA €€

8 PLAN P. 98, B2

Il serait injuste de ne pas mentionner le "BBG" simplement parce qu'il est situé juste en face du Madrid. Terrasse ensoleillée, accueil souriant, ambiance souvent musicale le soir. À l'ardoise, chipirons à la plancha, poisson provenant de la criée de Saint-Jean-de-Luz, burger au fromage de brebis… Expositions et concerts occasionnels. (05 59 26 55 00 ; facebook.com/barbasque.guethary ; 9 av. Monseigneur-Mugabure ; tapas 2-12,50 €, plats 10-20 € ; juil-oct et vac scol tlj, hors saison jeu-mar, fermé mi-nov à mi-déc et fév-mars)

Le Poinçon

CUISINE DE MARCHÉ €€

9 PLAN P. 98, B2

Situé en bord de voie ferrée, ce restaurant-concept store jaune citron a tout bon ! Sur la terrasse ombragée ouverte sur la mer ou dans l'ancienne maison du chef de gare, on se régale d'une cuisine de marché fraîche et goûteuse : chipirons sauce basquaise, filet de dorade, purée de potimarron et sucrine braisée, clafoutis aux reines-claudes et glace vanille… Le service est chaleureux et l'atmosphère décontractée. Brunch le dimanche et concerts aux beaux jours. Cocktails originaux et délicieux. (05 59 26 57 44 ; facebook.com/lepoincon ; 94 rue du Comte-de-Swiecinski ; tapas 6-22 €, plats 12-23 €, brunch 20 € ; avr à mi-nov tlj 8h-23h, hors saison midi jeu-lun et soir ven-sam, fermé mi-jan à fév)

Txamara

BISTRONOMIQUE €€

10 PLAN P. 98, A2

Après avoir pris l'apéro au rez-de-chaussée (p. 103), attablez-vous sans hésiter à l'étage, pour, certes, embrasser l'océan des yeux, mais aussi piocher dans la carte de saison qui met l'eau à la bouche : amandes de mer, émulsion citron et huile d'aneth ; dorade royale sur crème d'olives kalamata, nid de fenouil à l'huile de curry… (05 59 26 51 44 ; www.restaurant-guethary-txamara.fr ; 194 ch. du Port ; plats 19-24 € ; avr-sept tlj, oct-déc et mi-fév à mars jeu-dim)

Briketenia

ÉTOILÉ €€€

11 PLAN P. 98, C4

En haut du village, Martin Ibarboure et son fils David associent leurs savoir-faire pour inventer un menu dont la seule lecture réveillerait les papilles les plus engourdies. On pratique ici une cuisine gastronomique étoilée à prix abordables. Attenant au restaurant, le **Briket' Bistrot** (mi-avr à oct mer-dim) propose, dans un décor contemporain tout en bois blond, une sélection de plats de saison (17 €) à prix doux. (05 59 26 51 34 ; www.briketenia.com ; 142 rue de l'Église ; menu midi 36 €, menus 59-98 € ; mi-juil à mi-sept tlj, hors saison mer-lun)

Épicerie Yaoya

Prendre un verre

Txamara

BODEGA

Une jolie vue (voir **10** plan p. 98, A2), du cidre artisanal, de bons petits vins, des tapas de qualité (les chipirons en persillade à la plancha !)... Et, en prime, un peu de distance avec l'agitation (parfois trop) mondaine de la promenade. (05 59 26 51 44 ; www.restaurant-guethary-txamara.fr ; 194 ch. du Port ; pintxo 1 €, tapas 3,50-10 € ; avr-sept tlj, oct-déc et mi-fév à mars jeu-dim)

Ilunabar

PAILLOTE DE PLAGE

12 PLAN P. 98, B1

Un incontournable de la promenade, bondé en haute saison, pour grignoter quelques tapas autour d'un verre, en admirant le coucher du soleil sur l'océan. (06 03 56 68 70 ; tapas 6,50-9,50 €, planches 12,50-17,50 € ; 50 promenade de la Plage, Guéthary ; tlj avr-oct)

Shopping

Yaoya

ÉPICERIE BASCO-JAPONAISE

13 PLAN P. 98, B3

Cette ravissante échoppe, au croisement de deux cultures, présente une sélection de produits locaux – pain et brioches, fruits et légumes, miels, fromages, sardines en bocaux... – finement choisis, mais aussi de thés, cosmétiques naturels et artisanat japonais. (251 av. du Général-de-Gaulle ; mar 9h30-13h, mer-sam 9h30-13h et 16h30-19h30, dim 9h30-13h)

Alcatraz
BAYONNE

Explorer

Saint-Jean-de-Luz

Située à l'embouchure de la Nivelle, "Saint-Jean", station balnéaire bourgeoise pleine de cachet, ouvre sur une baie magnifique. Son port de pêche et ses maisons d'armateurs, témoins de son fier passé maritime, tout comme ses rues piétonnes et sa Grande Plage aux eaux tranquilles, bordée de villas du XIXe siècle, font d'elle un lieu de villégiature très prisé, particulièrement apprécié des familles.

Commencez par le centre piétonnier, où vous alternerez visites – l'église Saint-Jean-Baptiste (p. 110), la Maison Louis XIV (p. 111) – et emplettes – Maison Adam (p. 118), Pariès (p. 118). Mettez-vous en appétit aux Halles (p. 117) puis attablez-vous à Etxe Nami (p. 115) ou Chez Pablo (p. 114). Sortie en pirogue hawaïenne (p. 129), balade jusqu'à la pointe Sainte-Barbe (p. 106) ou sieste sur le sable ? L'après-midi vous appartient ! Pour goûter, direction Glaces Bargeton (p. 117), et Le Bar Basque (p. 116), pour l'apéro. Concluez par un dîner de haute volée chez Instincts (p. 115) ou chez Kaïku (p. 115).

Comment y aller

Plusieurs trains desservent tous les jours la gare de Saint-Jean-de-Luz-Ciboure à Biarritz, Bayonne et Hendaye.

Le Car Express n°3 relie Saint-Jean-de-Luz à toutes les villes de la Côte basque, et l'Hegobus n°51, Saint-Jean-de-Luz à Biarritz. Infos sur www.txiktxak.fr

Plan de Saint-Jean-de-Luz p. 108

Saint-Jean-de-Luz à l'heure bleue

Promenade à pied

Du port de pêche à la pointe Sainte-Barbe

Le port et la baie de Saint-Jean-de-Luz offrent plus qu'une simple balade vivifiante. Architecture et paysages racontent l'histoire de la ville : son passé baleinier et corsaire, ses rivalités avec l'Espagne et l'endiguement de la baie par Napoléon III pour parer aux assauts de l'océan, qui scellera, dès le milieu du XIXe siècle, son destin de station balnéaire.

La promenade

Départ Le port de pêche

Arrivée La pointe Sainte-Barbe

Distance et durée 2 km ; 30 minutes

❶ Le port de pêche

Avec ses belles demeures historiques et la Rhune en toile de fond, le port que se partagent Saint-Jean-de-Luz et Ciboure à l'embouchure de la Nivelle est sacrément photogénique. À la fin du XVIe siècle, 80 navires en partaient chaque année pour les mers du Nord. La pêche à la baleine et à la morue, au large de Terre-Neuve, fait alors la fortune de la ville jusqu'en 1713 (traité d'Utrecht). Une quarantaine de bateaux restent aujourd'hui en activité. Remarquez les deux feux d'alignement modernistes (1936), de l'architecte André Pavlovsky.

❷ Le quartier de la Barre

Au XVIIe siècle, les armateurs et les marchands firent construire de superbes demeures entre le port, l'embouchure de la Nivelle et l'église Saint-Jean-Baptiste. Les deux plus célèbres – Johanoenea et Lohobiague-Enea, renommées **Maison de l'Infante** (p. 110) et **Maison Louis XIV** (p. 111) – rappellent la signature du traité des Pyrénées (1659) et le mariage de Louis XIV et de l'infante d'Espagne, Marie-Thérèse d'Autriche (1660).

❸ Les maisons de la plage

À l'entrée du port, au bout du quai de l'Infante, débute une digue qui surplombe la rue et la plage. Cet ancien mur fut transformé en promenade après que Napoléon III fit édifier les trois digues (Socoa, Artha et Sainte-Barbe) qui ferment la baie et protègent la ville. Admirez les maisons d'armateurs et les villas balnéaires (XIXe siècle).

❹ La Maison Ezkerrenea

Bifurquez un instant rue de la République : sur le trottoir de droite, au n°17, une demeure tout en pierre de taille sort du lot. Cette maison d'armateur (fin du XVe siècle) est la seule à avoir échappé à l'incendie provoqué par les Espagnols qui ravagea la ville en 1558.

❺ La Pergola

De retour sur la digue, continuez jusqu'à la galerie couverte de la **Pergola**, le casino dessiné par Robert Mallet-Stevens (1886-1945) en 1928, dont les lignes modernes ont été passablement défigurées dans les années 1950.

❻ Le Grand Hôtel

Un peu plus loin, notez l'imposant édifice Belle Époque tout en rose et blanc. Le **Grand Hôtel**, construit en 1909 et alors nommé Modern Hôtel, témoigne des débuts fastueux de la ville en tant que station balnéaire.

❼ La pointe Sainte-Barbe

La promenade de la Plage se poursuit par celle des Rochers et mène à la **pointe Sainte-Barbe**, promontoire dominé par un petit phare d'alignement et aménagé en jardin public. De la falaise qui domine la baie en amphithéâtre, le panorama est sublime. En hiver, par beau temps, on peut apercevoir les cimes enneigées des Pyrénées.

A
B
C
D
1
2
3
4
5
6
Nos adresses
Voir p. 110
Activités p. 111
Se restaurer p. 113
Prendre un verre p. 116
Sortir p. 117
Shopping p. 117
Baie
de Saint-Jean-de-Luz
Bd Pierre Benoît
Fort de Socoa
(2 km)
Promenade Jacques Thibaud
R Mazarin
R de l'Infante
Quai de l'Infante
R de
16
4
2
Pl
Louis
XIV
Port
de pêche
Nivelle
Q Maurice Ravel
R Pocalette
Quai Pascal Elissalt
Port
de plaisance
Église
Saint-Vincent
Pl de
la Tour
d'Auvergne
CIBOURE
D810
R Ramiro Arrué
Av. Jean
Jaurès
0
100 m

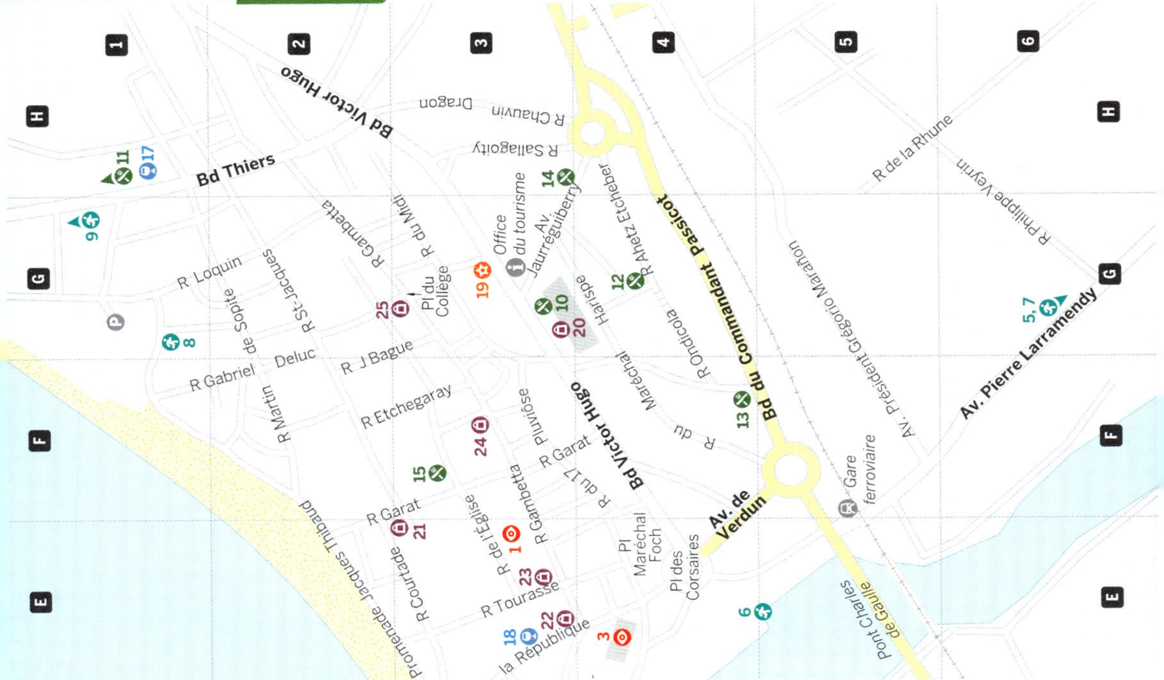
E
F
G
H
1
2
3
4
5
6
Promenade Jacques Thibaud
R Courtade
R Garat
R Martin
de Sopite
R Gabriel
Deluc
R Loquin
R St-Jacques
R J Bague
R Etchegaray
R Gambetta
R du Midi
Pl du Collège
Bd Thiers
Bd Victor Hugo
R Chauvin
Dragon
R Sallagoity
Office du tourisme
Av. Jaurréguiberry
R Tourasse
la République
R de l'Église
R Gambetta
Pluviôse
R Garat
R du 17
Bd Victor Hugo
Harispe
R du Maréchal
R Ahetz Etcheber
R Ondicola
Bd du Commandant Passicot
Pl Maréchal Foch
Pl des Corsaires
Av. de Verdun
Gare ferroviaire
Av. Président Grégorio Marañon
Pont Charles de Gaulle
Av. Pierre Larramendy
R de la Rhune
R Philippe Veyrin
1
3
5, 7
6
8
9
10
11
12
13
14
15
17
18
19
20
21
22
23
24
25

Voir

Église Saint-Jean-Baptiste

PATRIMOINE RELIGIEUX

1 PLAN P. 108, E3

C'est dans cette église dédiée au patron de la ville que Louis XIV (1638-1715) et l'infante d'Espagne convolèrent en 1660. La sobriété de son architecture extérieure, avec sa tour imposante et ses hautes murailles, contraste avec l'opulence de l'ornementation intérieure : galeries en chêne sur 3 étages, voûte en châtaignier évoquant la carène d'un navire, belle chaire en bois foncé supportée par des sphinges et surtout un fastueux et monumental **retable baroque** en bois doré, regroupant une vingtaine de statues. Suspendu à la vaste nef, le bateau votif est un aviso à voile et à vapeur muni d'aubes, *L'Impératrice Eugénie*, rapporté de Terre-Neuve en 1865. (rue Gambetta ; lun-sam 8h-12h et 14h-18h30, dim 8h-12h et 15h-19h)

Maison dite de l'Infante

DEMEURE HISTORIQUE

2 PLAN P. 108, D3

Elle est aussi appelée "Joanoenia", du nom de son premier propriétaire, l'armateur Joannot de Haraneder, qui fut anobli par Louis XIII pour avoir ravitaillé ses troupes durant le siège de La Rochelle. Cette imposante – et singulière – maison de pierre et de brique rose, de style italien, date du début du XVIIe siècle et fait face au port (Joannot pouvait ainsi surveiller ses navires).

Église Saint-Jean-Baptiste

En juin 1660, elle accueillit Marie-Thérèse d'Autriche (1638-1683) avant son mariage avec Louis XIV. (1 rue de l'Infante ; ne se visite pas)

Maison Lohobiague dite Maison Louis XIV

DEMEURE HISTORIQUE

3 PLAN P. 108, E4

Reconnaissable à ses tourelles d'angle, ce très bel hôtel particulier fut construit en 1643 par Joannis de Lohobiague, riche armateur et bayle (maire) de Saint-Jean. Mazarin choisit ce lieu pour accueillir Louis XIV du 8 mai au 15 juin 1660, à l'occasion de son mariage avec l'infante d'Espagne. La visite guidée (45 minutes environ) fait découvrir les appartements occupés par le roi ; mobilier, peintures, vaisselle… ont été soigneusement conservés par les descendants de Joannis de Lohobiague. (05 59 26 27 58 ; www.maison-louis-xiv.fr ; pl. Louis-XIV ; tarif plein/réduit 6,50/4 €, gratuit -12 ans ; visites guidées juil-août mer-dim 10h30-12h30 et 14h30-18h30, dernière visite 18h, juin, sept à mi-oct visites à 11h30, 15h, 16h et 17h, vac Pâques, Toussaint, avr et ponts de mai à 11h30, 15h et 16h)

La porte murée de l'église Saint-Jean-Baptiste

La porte par laquelle Louis XIV et Marie-Thérèse d'Autriche sont entrés dans l'église le jour de leur union, le 9 juin 1660, aurait-elle été murée après la cérémonie ? Si la légende est jolie, la réalité, elle, se veut plus prosaïque. L'édifice était en effet en pleins travaux d'agrandissement lors de la célébration du mariage. La "porte royale" fut tout simplement condamnée neuf ans plus tard, après le percement du grand portail que l'on connaît aujourd'hui.

Activités

Ocean Paddling Evolution 2

ACTIVITÉS NAUTIQUES

4 PLAN P. 108, C3

Ce prestataire propose plusieurs formules (sorties, cours particuliers ou collectifs, location) en pirogue hawaïenne de 4 ou 8 places, stand-up paddle (SUP) et kayak de mer, au départ de la Grande Plage. Le plan d'eau de la baie, protégé de la houle, permet de s'initier sereinement à ces pratiques. (06 50 61 92 83 ; promenade Jacques-Thibaud ; pirogue sortie adulte/enfant 28/23 €, cours collectif pirogue/SUP 30-35 €, location pirogue/SUP/kayak 1 heure 50-95/18-50/20 € ; juil-août tlj 10h-20h, mai-juin et sept-nov sam-dim, jours fériés et vac scol 14h-19h)

Aquabalade

KAYAK ET SUP

5 PLAN P. 108, G6

Avec Aquabalade, vous pourrez explorer, en autonomie, les eaux tranquilles de l'estuaire de la Nivelle en canoë-kayak ou en paddle, voire louer un bateau électrique.

Château d'Urtubie

À 3 km de Saint-Jean-de-Luz, ce superbe château fortifié, aux tours coiffées de dômes en forme de casque à pointe, appartient à la même famille depuis sa construction en 1341. Durant la visite, on découvre des tapisseries (de Bruxelles, d'Aubusson et de Beauvais), du mobilier d'époque, des portraits, une charmante chapelle (XVIIe siècle), et une exposition sur les plantes médicinales du Pays basque dans l'Orangerie. Il est possible de louer l'une des 10 chambres cossues (d 90-185 €) et profiter ainsi du parc de 6 ha et de la piscine, ou encore participer à un escape game dans l'une des salles du château (à partir de 19 € par personne, sur réservation). (05 59 54 31 15 ; www.chateaudurtubie.net ; 1 rue Bernard-de-Coral, D810, Urrugne ; visite adulte/-16 ans 8/4 € ; visites libres mai à mi-juil et sept 10h30-12h30 et 14h15-18h15, mi-juil à fin août 10h30-13h et 14h-18h15, avr et oct 10h30-12h et 14h15-17h45, visites guidées horaires variables, se renseigner)

(06 24 04 45 66 ; aquabalade.com ; rte d'Ascain ; canoë/SUP (1 heure 30) 20 €/pers, bateau électrique (1 heure) 40 € pour 2 pers ; juil-août tlj 10h-18h, sinon sur réservation)

Nivelle V

CROISIÈRE

6 PLAN P. 108, E5

Ce bateau de 20 m propose des balades commentées jusqu'à l'embouchure de la Bidassoa (1 heure 45, adulte/enfant 18/14 €) ou le long des falaises et de la baie (45 minutes, adulte/enfant 11/9 €). (06 09 73 61 81 ; www.croisiere-saintjeandeluz.com ; port de pêche ; avr à mi-oct)

Golf de Chantaco

GOLF

7 PLAN P. 108, H6

Fief de la famille Lacoste, dessiné par l'architecte Harry S. Colt en 1928, il se compose de 9 trous en forêt et de 9 trous avec obstacles d'eau. Beau club-house installé dans une demeure aux murs roses. (05 59 26 14 22 ; www.chantaco.com ; rte d'Ascain ; 18/9 trous 58-79/40-55 € selon saison ; avr-oct tlj 8h-18h30, nov-mars 8h-18h mer-dim et tlj pendant les vac scol)

Thalazur

THALASSO

8 PLAN P. 108, G1

Face à l'océan, l'hôtel Hélianthal ouvre en journée son spa biomarin, entièrement rénové, doté d'un bassin de 300 m² chauffé à 33°C, d'un hammam, d'un sauna et d'un espace forme, avec un accès direct à la Grande Plage. (05 59 51 51 51 ; thalazur.fr/saint-jean-de-luz ; pl. Maurice-Ravel ; soins à la carte 50-112 €, formules journée 71-179 €, entrée parcours marin 30 €)

Loreamar

THALASSO

9 PLAN P. 108, G1

Le spa-thalasso du Grand Hôtel, qui accueillit les têtes couronnées et la jet-set de la Belle Époque, propose des rituels et soins à la carte, dispensés dans un cadre haut de gamme. (05 59 26 35 36 ; www.luzgrandhotel.fr ; 43 bd Thiers ; soins 40-120 €, massages 65-110 €)

Se restaurer

Buvette de la Halle

RESTO-BAR **€**

10 PLAN P. 108, G3

À l'ardoise de cette guérite des halles séculaire, des plats simples et bons (sardines grillées, soupe de poisson, axoa d'Espelette…) qui méritent que l'on s'arme de patience certains jours d'été. Hors saison, le bar reste ouvert au rythme du marché pour les dégustations d'huîtres et autres réjouissances locales. Terrasse esprit guinguette et accueil jovial. Pas de CB et pas de réservation. (05 59 26 73 59 ; 18 bis bd Victor-Hugo ; plats 8-16 € ; juin-sept tlj, vac scol midi mar-dim, hors saison midi mar-sam)

Le Bel Endroit

FOOD TRUCK **€€**

11 PLAN P. 108, H1

En surplomb de la plage, voici deux *food trucks* rétro, point de rencontre d'habitués, qui misent sur les bons produits du terroir. L'un pour les envies de pâté, de tapenade, de camemberts rôtis, de salades composées, de bagels gourmets et de burgers fromagers. L'autre pour les tentations de la mer : *poke*

Maison Lohobiague dite Maison Louis XIV (p. 111)

bowls, ceviche de dorade, tataki de thon... Concerts le week-end. (07 69 15 82 18 ; www.lebelendroit.net ; ch. de Senix, Saint-Jean-de-Luz ; planches et tapas 6-19 € ; plats 9-19 € ; avr-oct tlj midi et soir sauf jours de pluie)

Chez Pablo
TAVERNE BASQUE **€€**

12 PLAN P. 108, G4

Derrière les halles, une adresse historique avec de grandes tablées en bois sombre nappées de vichy. Dans une ambiance familiale, on déguste piquillos (poivrons) à la morue, chipirons à l'encre, ou encore le *txangurro* (gratin de crabe). Pas de réservation, mais comme dit le patron, haut en couleur, on trouve toujours de la place ! (Même si cela peut être synonyme d'attente, en saison...) (05 59 26 37 81 ; www.restaurant-chez-pablo.com ; 5 rue Mademoiselle-Etcheto ; formule/menu midi sem 13/15 €, plats 15-26 € ; juil-août et vac scol jeu soir et ven-mar, reste de l'année ven-mar)

Le Komptoir des Amis
BISTROT LOCAVORE **€€**

13 PLAN P. 108, F4

À deux pas de la gare, ce bistrot contemporain esthétique valorise, dans l'assiette (et sur l'ardoise), petits producteurs et artisans de bouche du Pays basque, triés sur le volet. Résultat : des plats gourmands, qui s'arrosent volontiers d'un petit vin naturel. (07 85 51 64 07, 05 24 33 61 04 ; facebook.com/Lekomptoirdesamis ; 7 bd du Commandant-Passicot ;

Rue typique de Saint-Jean-de-Luz

MEHDI / STOCK.ADOBE.COM ©

formule/menu midi 16/19 €, plats 14-24 € ; été mar-dim, fermé dim-lun hors saison)

Etxe Nami

BASCO-JAPONAIS €€

14 PLAN P. 108, H3

Un lieu poétique et lumineux qui met à l'honneur création et culture(s) : en cuisine, tout d'abord, où terroir et pêche basques épousent avec art la délicatesse japonaise ; dans la salle au sous-sol, ensuite, dédiée aux expositions. Le midi, on craque pour un *teishoku* (assortiment de petits plats), tandis que le soir, on compose sa formule parmi les suggestions du jour. Dans les deux cas, la fraîcheur et les saveurs sont au rendez-vous. Réservation conseillée. Également un coin épicerie et la programmation d'ateliers. (05 59 85 51 47 ; www.etxenami.com ; 11 av. Jaureguiberry ; formules midi/soir 17-23,20/24-32 €, bento midi (à emporter) 12-15 € ; hjuil-août tlj, reste de l'année midi lun-sam et soir jeu-sam)

Instincts

BISTRONOMIQUE €€

15 PLAN P. 108, F3

Cette jeune adresse luzienne, presque cachée dans une ruelle qui mène à la baie, est aussi petite que prometteuse. La carte, mini-format également, invite à un voyage gustatif et visuel : des plats de saison aux saveurs et aux lignes harmonieuses, donnant raison au circuit court. (05 59 24 66 98 ; facebook.com/Instincts64 ; 20 rue Garat ; plats 19-24 €, menu 55 € ; mer-dim)

Cours de surf

Vous trouverez plusieurs écoles dans les boutiques de surf du centre-ville : **École de surf H2O** (06 49 98 77 26 ; www.ecoledesurf-h2o.com ; boutique O'Neill, 78 rue Gambetta), **New School** (05 59 26 07 93, 06 89 33 35 54 ; www.newschoolsurf.com ; Billabong Store, 16 rue Gambetta), **Quiksilver** (05 59 85 39 96, 06 86 94 95 27 ; www.ecoledesurf-quiksilver.com ; 59 rue Gambetta), **Gold Coast** (06 70 62 07 07, 05 59 20 31 44 ; www.ecolesurfhendaye.com ; boutique Chica Beach, 62 rue Gambetta).

Le Kaïku

ÉTOILÉ €€€

16 PLAN P. 108, D3

Nicolas Borombo, qui a notamment fait ses armes au Crillon et au George-V à Paris, s'est installé dans la plus ancienne maison de la ville (1540) et a obtenu son étoile au Michelin en 2015. Il y mitonne une sobre et inventive cuisine du marché, à base de produits choisis (cochon Manex, agneau de lait, pigeon de Souraïde, truite de Banka, maigre ou merlu de ligne de Saint-Jean...). (05 59 26 13 20 ; www.kaiku.fr ; 17 rue de la République ; menus 40-89 € ; en saison lun soir et mar-sam, reste de l'année jeu-lun)

Port de Saint-Jean-de-Luz

Prendre un verre

La place Louis-XIV est bordée de terrasses, souvent bondées, dont celle, très courue, du **Bar de la Marine** (☎05 59 26 02 62). À l'instar de Ciboure, Saint-Jean-de-Luz a cédé au rituel du *Pintxo Pote* originaire du Pays basque espagnol (voir aussi p. 15). Lors de nos recherches, le rendez-vous était donné le vendredi soir (18h-20h) au **Bar Basque** (ci-dessous), à **Etxe Nami** (p. 115), **Le Komptoir des Amis** (p. 114)...

Le Bar Basque INSTITUTION LOCALE

17 PLAN P. 108, H1

Fréquenté dans les années 1930 par Hemingway, Maurice Ravel ou encore le roi d'Espagne Alphonse XIII, ce bar historique est un refuge stratégique lorsque l'on cherche à s'échapper du tourbillonnant centre piétonnier. Le Macca'B, son plus célèbre cocktail créé en 1946, se compose de 7 vieilles liqueurs rallongées au champagne. (☎05 59 85 16 63 ; 22 bd Thiers ; tlj en saison, lun midi et mar-dim hors saison)

Pub du Corsaire PUB

18 PLAN P. 108, E3

Le rendez-vous de la jeunesse locale, pour sa belle sélection de bières, whiskies et cocktails. L'intérieur du bar, entièrement aménagé façon cale de vieux galion, vaut le coup d'œil. (☎05 59 26 10 74 ; 16 rue de la République ; lun-jeu 17h-2h, ven-dim 12h-2h)

Sortir

Le Sélect

CINÉMA

19 PLAN P. 108, G3

Un cinéma indépendant très dynamique, doté de 4 salles et d'un bar-salon de thé contemporain, avec accès Wi-Fi. Parfait pour les journées pluvieuses avec les enfants ! (05 59 85 80 81 ; www.cineluz.fr ;adulte/-14 ans 6-7/4,50 € ; 29 bd Victor-Hugo)

Scène nationale du Sud-Aquitain

ARTS DE LA SCÈNE

Théâtre, musique, danse, cirque... Le monde du spectacle vous attend dans la Scène nationale du Sud-Aquitain, qui diffuse sa programmation éclectique dans plusieurs salles de Saint-Jean-de-Luz, en attendant la construction d'un lieu dédié. Les billets sont en vente à l'office du tourisme (p. 152). (05 59 59 07 27, 05 59 58 73 00 ; www.scenenationale.fr)

Shopping

Les Halles

MARCHÉ

20 PLAN P. 108, G4

Très coloré et animé, le temple de la gastronomie locale (de style Baltard, 1884) permet de remplir son panier, mais aussi directement son estomac (stand de tapas...). Plus de choix le mardi, le vendredi et, en été, le samedi. (bd Victor-Hugo ; tlj 7h-13h)

Glaces Bargeton

GLACES ARTISANALES

21 PLAN P. 108, E3

Parmi toutes les tentations glacées qui essaiment dans le centre historique, c'est indéniablement à celle-ci qu'il faut succomber ! Les créations du moment (dont l'excellente vanille de Madagascar) de Mathieu Bargeton, formé notamment chez Lenôtre, sont si subtiles, que l'on peine à se contenter d'un cornet... (06 35 42 27 52 ; www.glaces-bargeton.fr ; 23 rue Garat ; cornet 2,50-7,50 €, dessert glacé 3-6 € ; mi-juil à fin août tlj 12h-minuit, avr à mi-juil, sept-oct et vac Noël jeu-mar 13h30-19h, tlj pendant vac scol)

Les Halles

Les dessous de Pariès

Pour découvrir les secrets de fabrication des produits phares de la maison Pariès, et s'offrir une dégustation, rendez-vous à Urrugne pour visiter ses **ateliers** (05 59 22 06 00 ; rte de la Corniche, ZA de Putillenea, Socoa ; adulte/-14 ans 5/3 € ; visite mar-sam 9h30-11h30, jusqu'à 12h en juil-août).

Maison Adam CÉLÈBRES MACARONS

22 PLAN P. 108, E3

En 1660, la mère de Louis XIV et l'infante d'Espagne se délectaient déjà de ses excellents macarons. Un passage obligé du Saint-Jean-de-Luz gourmand. Épicerie fine et boulangerie au n° 4 de la place Louis-XIV. (05 59 26 03 54 ; www.maisonadam.fr ; 6 pl. Louis-XIV tlj 8h-19h et 49 rue Gambetta été tlj 8h-20h, hors saison lun-sam 8h-12h30 et 14h-19h, dim 8h-13h et 14h-19h)

Pariès CHOCOLATIER

23 PLAN P. 108, E3

Première boutique de la célèbre maison, ouverte en 1914. On succombe ici surtout au kanouga® (caramel fondant au chocolat, café, vanille, etc.), au touron (au piment d'Espelette, à l'orange...), au mouchou®, tendre duo de macaron fondant (en basque, un muxu est un bisou...), sans oublier le gâteau basque... au chocolat. (05 59 26 01 46 ; www.paries.fr ; 9 rue Gambetta ;

Plage de Saint-Jean-de-Luz

tlj juil-août 8h-minuit, 9h-19h reste de l'année)

Laffargue

MAROQUINERIE

24 PLAN P. 108, F3

Labellisée "entreprise du patrimoine vivant", cette maison fabrique depuis 1890 sacs, ceintures, serviettes et portefeuilles dans de très belles peausseries cloutées à la main. (05 59 26 11 38 ; www.maisonlaffargue.fr ; 25 rue Gambetta ; été lun-sam 9h30-19h, hors saison mar-sam 9h30-13h et 14h30-18h30)

Katxi Klothing

MODE

25 PLAN P. 108, G3

Créée par deux amis luziens, cette marque de vêtements 100% locale, inscrite dans une démarche "eko-responsable", fait, sur ses T-shirts et sweats sérigraphiés, l'apologie d'une culture basque moderne et joyeuse. (05 57 75 99 13 ; www.katxiklothing.com ; 45 rue Gambetta ; mar-dim 10h-13h et 13h30-18h30)

Même Louis XIV les appréciait !

Vaut le détour

L'ascension de la Rhune

Point culminant du Labourd, la Rhune (905 m) est un peu la montagne sacrée des Basques. Ses entrailles auraient abrité un serpent à sept queues, son sommet des sabbats... Sur ses flancs subsistent les traces – monolithes, cromlechs et dolmens – de la plus vieille communauté pastorale d'Europe. Le train à crémaillère et la vue formidable depuis son sommet en font le site le plus visité du Pays basque.

L'**Hegobus** n°45 (☎ 0 800 891 091 ; www.hegobus.fr) relie Saint-Jean-de-Luz à Ciboure

Le petit train à crémaillère

Depuis la gare du col de Saint-Ignace (169 m), à 11 km au nord-est de Saint-Jean-de-Luz, le **petit train de la Rhune** (05 59 54 20 26 ; www.rhune.com ; col de Saint-Ignace ; aller-retour adulte/enfant 20/13 € ; juil-août tlj toutes les 30-40 min 8h20-17h30, hors saison 9h30-12h et 14h-16h selon météo), inauguré en 1924, parcourt les 4,5 km menant au sommet. Le trajet (35 minutes) laisse tout le loisir de contempler le paysage et les pottoks, ces petits chevaux à la robe brune caractéristiques du Pays basque. Des animations (lâchers de rapaces, ateliers nature, chasse au trésor…) sont proposées à l'arrivée des trains.

Gravir la Rhune à pied

Pour les marcheurs, l'ascension de la Rhune est un grand classique. S'il est possible de monter à pied par le **sentier du train de la Rhune** (balisé en jaune ; aller 2 heures 30 ; dénivelé 736 m ; départ à côté de la gare), il existe d'autres parcours, de difficultés variables, au départ des villages environnants. Ainsi, à Urrugne, depuis le chemin de Xurien Borda, l'ascension s'effectue par le **col des Trois-Fontaines** (11 km ; aller 4 heures ; dénivelé 780 m). Le chemin emprunte le tracé du GR®10 jusqu'à la Venta Yasola, puis rejoint le sommet de la Rhune par le côté espagnol avant de redescendre côté français. À Ascain, une superbe mais difficile randonnée part du parking des Carrières (en direction de Sare) et suit le **sentier Larrungo Bidea** (9,5 km ; 4 heures 30 aller-retour ; dénivelé 782 m).

La Rhune en nocturne

L'été, vous pourrez découvrir la faune et la flore de la Rhune, et admirer le coucher du soleil depuis le plateau Miramar, lors d'une randonnée "Les soirées du berger", organisée par **Mendi Lagunak** (06 11 09 52 54 ; adulte/enfant 25/20 € les 5 heures, pique-nique compris).

★ À savoir

- L'été, le petit train est souvent pris d'assaut : difficulté à se garer et files d'attente sont alors de mise. Privilégiez donc le bus ! La ligne 45 du réseau **Hegobus** (0 800 891 091 ; www.hegobus.fr ; 1 € ; départ ttes les heures été aller 8h-18h, retour 7h30-19h30, hiver aller 9h-18h30 lun-sam et 9h-16h dim, retour 7h30-18h lun-sam et 10h30-17h30 dim) relie toute l'année Saint-Jean-de-Luz au col de Saint-Ignace.
- Les cavaliers confirmés pourront randonner sur les pentes de la Rhune avec **Larrun Alde** (06 89 02 25 69 ; www.rando-equestre-larrunalde.com ; 45 ch. d'Erramuntegia ; journée 70 € ; avr-oct).

Une petite faim ?

Au col de Saint-Ignace **Les Trois Fontaines** (05 59 54 20 80 ; plat du jour 9,50 € ; mars-oct midi) sert une cuisine basque au bon rapport qualité/prix.

Explorer
Ciboure

Reliée à Saint-Jean-de-Luz par un pont qui enjambe la Nivelle, Ciboure, dont le nom basque Ziburu signifie d'ailleurs "tête de pont", recèle un étonnant patrimoine architectural. Plus authentique et paisible que sa grande sœur, elle possède en outre, sur son versant ouest, deux plages sablonneuses familiales, et mène à la splendide route de la Corniche qui longe l'Atlantique jusqu'à Hendaye.

Débutez par une flânerie architecturale au cœur du village. Visitez la villa Leïhorra (p. 127) et montez à la tour Bordagain (p. 127) pour admirer la baie. Longez ensuite la mer jusqu'au fort de Socoa (p. 127) et arrêtez-vous pour déjeuner au restaurant Alaïa (p. 130) ou au Socowa (p. 130). Consacrez votre après-midi aux activités nautiques (p. 128), à un peu de farniente sur la plage, ou empruntez le sentier du littoral sur la corniche (p. 124). Dînez d'un repas aux accents de terroir Chez Mattin (p. 131) ou raffiné à L'Éphémère (p. 131).

Comment y aller

La navette maritime Le Passeur relie, l'été, Saint-Jean-de-Luz à Ciboure et Socoa (voir p. 127).

Les Hegobus nos 43 et 39 font la liaison entre Ciboure et la gare de Saint-Jean-de-Luz, et le Car Express n°3 entre Ciboure et les différentes villes de la Côte basque. Plus d'infos : www.txiktxak.fr

Plan de Ciboure p. 126

Le charme de Ciboure YVANN K/ STOCK.ADOBE.COM ©

Les incontournables

La route de la Corniche

Entre Ciboure et Hendaye, sur la commune d'Urrugne, la corniche est le dernier vaste espace naturel de la Côte basque. La route de la Corniche (D912), qui longe le littoral sur 7 km, offre l'un des plus beaux panoramas de la côte, qu'aucune construction ne vient ternir. Avec les Pyrénées en toile de fond, les prairies de landes à ajoncs et à bruyère tombent ici abruptement dans la mer. Pour un peu, on se croirait en Irlande.

PLAN P. 126

Le bus n°39 du réseau **Hegobus** (www.hegobus.fr) relie Ciboure à Hendaye via la D912, et marque l'arrêt à Asporotsttipi et Abbadia.

Le sentier du littoral

Le meilleur moyen de découvrir l'écosystème de la corniche – et ses sublimes paysages – reste à pied, en empruntant la partie du sentier du littoral (p. 94) qui suit la D912 et s'échappe par endroits vers l'océan. Les hautes falaises, coiffées de chicorée mauve, de chèvrefeuille et d'immortelle, sont constituées de flyschs, une formation sédimentaire alternant couches de calcaire dures et couches de marne tendres. Poussées par les Pyrénées, ces strates se retrouvent parfois plissées à la verticale, composant d'étonnants mille-feuilles minéraux. Émaillant le chemin, des petites criques rocailleuses baignées d'une eau émeraude.

Le château et domaine d'Abbadia

À l'extrémité ouest de la corniche, se dresse le **château Abbadia** (p. 134), signé Eugène Viollet-le-Duc. Sa visite, passionnante, dévoile l'univers atypique de l'explorateur, géographe et astronome Antoine d'Abbadie d'Arrast (1810-1897). Une partie de son domaine, agrémenté de sentiers balisés, est aujourd'hui la propriété du Conservatoire du littoral.

La corniche depuis les flots

Si vous avez le pied marin, n'hésitez pas à changer de perspective en admirant les découpes colorées de la corniche depuis l'océan. À Hendaye et Saint-Jean-de-Luz, plusieurs prestataires proposent des sorties en mer le long de la côte (p. 112 et 138).

"Un dimanche sur la corniche"

Le troisième dimanche de septembre, la corniche est fermée à la circulation. Piétons et cyclistes peuvent profiter librement du site, qui accueille, pour l'occasion, de nombreuses animations (concerts, spectacles, ateliers, dégustations...).

★ À savoir

- L'ancienne ferme Asporotsttipi héberge la **Maison de la Corniche basque** (⏲ juin-sept tlj 10h-13h et 14h-18h30, avr-mai mar-sam 10h-12h et 14h-18h30, hors saison mar-sam 10h-12h et 14h-17h30, fermé 3 sem entre fin déc et jan). Espace d'accueil et d'exposition (sur la faune, la flore et la géologie), elle propose également sorties et animations.
- Au large de la corniche, déferle parfois en hiver la Belharra, une vague géante qui peut atteindre plus de 15 m. Depuis 2002, quelques intrépides ont défié ce monstre en surf tracté. Elle se forme sur un haut-fond qui est aussi un spot de plongée réputé.
- Classée Espace Naturel Sensible, la corniche est sérieusement menacée par l'érosion. La D912 serait donc, à terme, vouée à disparaître...

A
B
C
D
1
2
3
4
5
6
0 200 m
Route de la Corniche
Château Abbadia (5,7 km)
Route de la Corniche
5
10 12
6
8 et 9
7
13
14
15
16
1
2
3
4
11
Plage du Fort
Plage des Dériveurs
Plage de Socoa
Plage de Ciboure
Nos adresses
Les incontournables p. 124
Voir p. 127
Activités p. 128
Se restaurer p. 130
Shopping p. 131
Baie de Saint-Jean-de-Luz
SAINT-JEAN DE-LUZ
Untxin
Nivelle
Rue du Cdt Passicot
Rue de Socoa
Boulevard Pierre Benoit
Boulevard d'Abbadie
Av. des Basques
Av. des Basques
Rue d'Arrast
Rue du Dr Micé
Rue Joseph Iturriza
R. de la Tour
Ch. de Gurutzeta
Qu. Maurice Ravel
R. Charles Mapou
Rue Evariste Baignol
Avenue des Pyrénées
Bd de Bordaguain
Av. Jean Jaurès
Av. Ch. de Gaulle
Av. François Mitterand
Av. Jean Poulou
Rue Paul Gelos
Avenue Jean
R. Pierre Bouvet de Thèze
Avenue Joseph Abeberry
Avenue Oihanalde
R. Arnaud Massy
A63

Voir

Maisons et villas ARCHITECTURE

Outre la **Maison Estebania** (1 ◎ plan p. 126, C4 ; 27 quai Ravel) de style flamand, où Mazarin résida et Maurice Ravel (1875-1937) vit le jour, Ciboure compte de belles demeures du XVIIIe siècle dans les rues Agorette, de la Fontaine et de l'Escalier. Voyez aussi les grosses maisons labourdines à colombages de la **rue Pocalette**, auxquelles se mêlent des maisons plus nobles. Sur la colline Bordagain se nichent de splendides villas, dont la **villa Leïhorra** (2 ◎ plan p. 126, C4 ; www.villa-leihorra.com ; 1 imp. Muskoa ; tarif plein/-6 ans 8 €/gratuit ; avr-sept lun et jeu 11h), dessinée par l'architecte Joseph Hiriart en 1926. Ce chef-d'œuvre Art déco se découvre également lors des visites guidées de la ville organisées par l'office du tourisme (de juin à sept ; voir p. 152). On remarquera aussi le joli phare, de style néolabourdin, dessiné par André Pavlovsky en 1936, à qui l'on doit aussi celui de Saint-Jean-de-Luz.

Église Saint-Vincent PATRIMOINE RELIGIEUX

3 ◎ PLAN P. 126, C4

Unique au Pays basque, son clocher octogonal, surmonté d'une structure en bois aux airs de pagode, se détache fièrement des bâtiments du quai Ravel. La haute bâtisse d'aspect fortifié a été édifiée à partir de 1555. On y accède par un beau parvis et une porte d'inspiration Renaissance. Sa nef, dotée d'une triple galerie, est réputée pour son acoustique ; elle accueille, début août, un festival de musique classique, les **Raveliades**. (rue Pocalette)

Le Passeur

D'avril à octobre, la navette maritime Le Passeur relie quotidiennement le port de Ciboure et le fort de Socoa à Saint-Jean-de-Luz (au niveau du port ou de la digue aux Chevaux). Comptez 3 € la traversée.

Tour Bordagain PANORAMA

4 ◎ PLAN P. 126, B4

Sise sur la colline du même nom, elle offre une très belle vue sur la baie. La tour fut adjointe à la première église de la commune (construite au XIIe siècle) pour un usage militaire au XIVe siècle, puis servit de tour de guet pour la chasse à la baleine. Récemment restaurée, elle abrite aussi ponctuellement l'été des expositions et fait l'objet de visites commentées (renseignements et réservation auprès de l'office du tourisme).

Fort de Socoa ÉDIFICE MILITAIRE

5 ◎ PLAN P. 126, B1

Fermant au sud la baie de Saint-Jean-de-Luz, il a été construit sous Louis XIII (règne 1610-1643), mais

Un passé de brebis galeuse

Au XVIIe siècle, Saint-Jean-de-Luz envoyait à Ciboure ses indésirables, gitans, vagabonds ou gens de mer. Le port de ces "cagots" (terme qui les désignait au Moyen Âge) et *kaskarots* (vendeuses de poisson ; prononcez "cachcarote") s'est progressivement transformé en un repaire de corsaires et de chasseurs de baleines. L'adage infamant "Saint-Jean-de-Luz, petit Paris, Bayonne, son écurie et Ciboure sa poissonnerie", datant du mariage de Louis XIV, a longtemps prévalu. Mais les effluves des conserveries de sardines (on en comptait encore une vingtaine dans les années 1960) n'embaument désormais plus la baie. Ciboure a retrouvé les faveurs des Luziens (quoiqu'une rivalité persiste toujours) et s'est aujourd'hui doucement embourgeoisée.

c'est Vauban qui établira en 1681 les plans de la digue de protection et de la route reliant le fort à la terre ferme. L'ouvrage abrite aujourd'hui un port de plaisance et une petite plage familiale.

Activités

Tech-Océan

PLONGÉE

6 PLAN P. 126, B1

Cette petite structure conviviale organise en été des baptêmes à la **digue de l'Artha** (9-15 m) au milieu de la baie de Saint-Jean, et, une fois par semaine, au niveau de la baie des Cochons, au large d'Hendaye, ainsi que des stages, explorations et formations. (05 59 47 96 75, 06 16 36 11 76 ; www.tech-ocean.fr ; 45 rue du Commandant-Passicot ; baptême 70 €, à partir de 8 ans, exploration 35-50 € selon niveau, randonnée palmée 35 € ; avr-oct)

Odyssée Bleue

PLONGÉE

7 PLAN P. 126, B2

Ce club de plongée sérieux propose des sorties tous niveaux sur les mêmes sites que l'adresse précédente, plus orientées sur les groupes. (06 63 54 13 63, 06 99 91 40 60 ; www.odyssee-bleue.com ; hangar 4, ch. des Blocs, Socoa ; baptême 60 €, exploration 29-56 €, snorkeling 25 € ; avr-oct)

Yacht Club Basque

VOILE LÉGÈRE

8 PLAN P. 126, B1

Ce club de voile organise en semaine, pendant les vacances scolaires, des stages d'initiation et de perfectionnement d'Optimist, catamaran, planche à voile et Open 5,70. (05 59 47 18 31 ; www.ycbasque.org ; parking des Dériveurs, Socoa ; sortie découverte 2 heures : 110 €/1-4 pers, stage 5 jours 155-200 €

selon support choisi, cours particuliers Optimist 1 heure/autres supports 1 heure 30 : 50/70 € ; mars-nov)

Evi Nautika

VOILE ET SUP

9 PLAN P. 126, B1

Ce prestataire propose des cours de voile et de stand-up paddle, mais aussi de la glisse tractée (ski nautique, wakeboard...). (05 59 47 06 32 ; parking de Socoa ; www.evi-nautika.com ; stage 5 jours 150-250 €, cours particulier 1 heure planche à voile 50 €, initiation glisse tractée 20 min adulte/enfant 40/35 €, initiation 1 heure 30 SUP 30 €)

Atlantic Pirogue

KAYAK ET SUP

10 PLAN P. 126, B1

Atlantic Pirogue organise des balades et dispense des cours de pirogue hawaïenne, de kayak en mer et de stand-up paddle ; randonnées à la journée. (05 59 47 21 67 ; www.atlantic-pirogue.com ; port de Socoa ; cours adulte/enfant 32/26 € pour 2 heures, sortie 52/42 €)

Golf de la Nivelle

18 TROUS

11 PLAN P. 126, D6

Conçu en 1907 par le champion John Henry Taylor (1871-1963) sur une ancienne carrière, ce golf associatif privé présente une certaine technicité. (05 59 47 18 99 ; www.golfnivelle.com ; pl. William-Sharp ; tarif visiteur 55-72 € selon saison ; tlj mi-mai à oct 8h30-19h, reste de l'année 9h-18h)

Fort de Socoa (p. 127)

LAMAX / STOCK.ADOBE.COM ©

Vinification sous-marine

La baie de Saint-Jean-de-Luz est le berceau d'un procédé de vinification singulier : les cuves d'Egiategia – dont les vignes tapissent la Corniche basque (p. 124) – y sont immergées à 15 m de profondeur, puis bercées par les courants. Pour goûter à ces vins étonnants, faites un tour dans leur **boutique** (05 59 54 92 27 ; www.egiategia.fr ; 5 bis chemin des Blocs ; mar-sam 10h-13h et 14h-18h), près de la plage de Socoa. Des visites de leurs chais "terrestres" incluant explication de la vinification sous-marine et dégustation sont également possibles (10-20 €, sur réservation).

Se restaurer

Le Socowa

PLANCHA **€€**

12 PLAN P. 126, B1

Tout au bout de la promenade en direction du fort, cette petite adresse sans prétention sert, sur sa terrasse agréable, de belles assiettes iodées : sardines grillées, chipirons à la plancha, gambas grillées à l'ail, *parrillada*... Simple et délicieux. (05 24 33 37 05 ; 45 av. du Commandant-Passicot, Socoa ; tapas 5-13 €, plats 15-21 € ; mi-juin à sept tlj, avr-mai et oct fermé mar et le dim soir, fermé nov-mars)

Phare de Ciboure

Alaïa

BISTRONOMIQUE **€€**

13 PLAN P. 126, A2

Avec sa salle claire béante sur la plage de Socoa, Alaïa fait largement son effet. Une bonne impression qui se confirme dans l'assiette, où les produits du cru, à tendance bio, s'émoustillent d'un "juste ce qu'il faut" de créativité : lors de notre passage, une salade de poulpe, suivie d'une dorade grise, ratatouille, émulsion basilic, conclues par un abricot rôti à la crème anisée... Belle sélection de vins naturels. (05 59 47 43 79 ; www.restaurantalaia.com ; 2 allée André-Hiriart ; plats 15-25 € ; avr à fin oct et vac scol tlj, hors saison mar-sam et dim midi, fermé début jan à début fév)

Chez Mattin

BASQUE **€€**

14 PLAN P. 126, C5

Sur les hauteurs de Ciboure, ce restaurant familial de caractère – avec poutres de chêne et casseroles de cuivre comme décor – est l'une des tables les plus appréciées de la région. On y vient en particulier pour le fameux *ttoro* (soupe à base de merlu, de moules et de langoustines) ou les belles suggestions hors carte. Réservation conseillée. (05 59 47 19 52 ; www.chezmattin.fr ; 63 rue Évariste-Baignol ; carte 15-29 € ; mar-sam)

L'Éphémère

GASTRONOMIQUE **€€€**

15 PLAN P. 126, C4

Jouissant déjà d'une bonne réputation, cette table devrait, lorsque vous lirez ces lignes, s'être hissée un cran au-dessus : lors de nos recherches, elle venait en effet d'être reprise par le chef Guillaume Roger, qui n'a pas hésité à fermer son restaurant luzien très coté, Le Brouillarta, et, de fait, à abandonner son étoile, pour se lancer dans une nouvelle aventure... (05 59 47 29 16 ; www.lephemere-ciboure.fr ; 15 quai Maurice-Ravel ; prix et horaires, se renseigner)

Pintxo Pote

À Ciboure, le jeudi soir, on ne manque pas le rendez-vous du *Pintxo Pote* ! Dès 18h, l'animation bat son plein autour de la place du Fronton. Le principe ? Un verre acheté, un pintxo offert. L'occasion de parler basque, de mêler les générations et de créer du lien social, comme au restaurant **Atalaia** (05 40 07 15 02 ; 17 rue de la Fontaine), où l'on s'attable volontiers lorsque la faim se fait sentir.

Shopping

Sardine

ÉPICERIE

16 PLAN P. 126, C4

Sur le port de Ciboure, les gourmands s'arrêtent désormais ici pour s'approvisionner en bons produits : vins, bières artisanales, conserves de sardines, légumes en bocaux, miels, confitures, tisanes, charcuteries, fromages, beurre fermier... originaires des deux côtés des Pyrénées. (facebook.com/sardineepiceriecibourienne ; 19 quai Maurice-Ravel ; tlj 9h30-13h30 et 15h-19h30, fermé lun et dim après-midi hors saison)

Explorer
Hendaye

Si la station balnéaire la plus méridionale du Pays basque français n'a pas le charme de ses consœurs du nord – la faute à un urbanisme touffu –, elle affiche néanmoins sur son front de mer un chapelet de belles villas néobasques, en partie classées. Bordée par la baie de Txingudi et par le domaine d'Abbadia, elle s'agrémente également d'une superbe plage de 3 km, pain bénit des surfeurs débutants.

Plongez d'abord dans l'univers hors norme d'Antoine d'Abbadie en visitant son château (p. 134), puis partez vous promener sur les chemins balisés du domaine, propriété du Conservatoire du Littoral. Cap ensuite sur le port, pour déjeuner au Parc à Huîtres (p. 140) avant d'embarquer pour une sortie en voilier (p. 138). Vous pouvez également prendre un cours de surf (p. 137) ou suivre la voie verte Le Chemin de la Baie (p. 139) à vélo. Le soir venu, dînez au restaurant Battela (p. 140) ou chez Itsas Zaldi (p. 139), et pour terminer la soirée, filez prendre un verre en Espagne !

Comment y aller

La gare d'Hendaye est desservie par les TGV en provenance de Paris et par les TER de la SNCF (www.oui.sncf).

Le Car Express n°3 du réseau Txik Txak (www.txiktxak.fr) dessert Hendaye depuis toutes les villes de la Côte basque.

L'aéroport de Saint-Sébastien est à 5 km d'Hendaye ; celui de Biarritz-Pays basque à 25 km.

Plan d'Hendaye p. 136

Plaisirs nautiques à Hendaye CATALYSEUR7 / STOCK.ADOBE.COM ©

Les incontournables

Le château observatoire et domaine d'Abbadia

Astronome, géophysicien, explorateur, maîtrisant 14 langues... Antoine d'Abbadie d'Arrast (1810-1897) est un personnage hors du commun, à l'image de son château, juché sur une falaise à l'entrée d'Hendaye. L'édifice néogothique signé Eugène Viollet-le-Duc (1814-1879) révèle un univers éclectique fascinant, tandis que le domaine offre la possibilité de sublimes balades.

PLAN P. 136

05 59 20 04 51 ; chateau-abbadia.fr ; rte de la Corniche ; tarif plein/14-18 ans/6-13 ans 8,40/6,50/4,40 €, visites guidées tarif plein/14-18 ans/6-13 ans 9,90/7,50/4,90 €

Le château-observatoire et le parc

Bâti entre 1864 et 1884, le château-observatoire Abbadia a été dessiné par Eugène Viollet-le-Duc pour Antoine d'Abbadie d'Arrast et sa femme, Virginie. L'édifice néogothique, à l'étonnant bestiaire sculpté, ceint d'un parc paysager à l'anglaise, planté d'essences exotiques, fut pensé à la fois comme un lieu de recherche scientifique et de résidence privée. On y découvre l'observatoire astronomique – en fonction jusqu'en 1975 – dont les instruments singuliers servaient à cartographier le ciel, et la magnifique bibliothèque, qui rassemblait près de 10 000 ouvrages, dont des manuscrits éthiopiens rares. On se glisse ensuite dans l'intimité du couple, à travers l'enchevêtrement de pièces à vivre et la chapelle consacrée, dont la décoration éclectique, imaginée par Edmond Duthoit, élève d'Eugène Viollet-le-Duc, marie néogothique, orientalisme, Art nouveau et polychromie. Ce décor atypique enchantait Pierre Loti, grand ami de Virginie, à qui il dédia *Ramuntcho*.

Le domaine d'Abbadia

Une partie du **domaine** du château a été rachetée en 1979 par le Conservatoire du littoral. Le site, de 64 ha, embrasse d'abruptes falaises, des criques et les Deux Jumeaux, célèbres rochers témoins du recul de la côte. Vastes prairies naturelles, lande atlantique, vasières et bosquets composent aussi cet espace très apprécié des promeneurs (et des oiseaux migrateurs), dont les chemins sont bien balisés. Il abrite plus de 150 variétés anciennes de pommiers et de cerisiers, ainsi que les anciennes fermes **Larretxea**, **Nekatoenea** (résidence d'artistes et animations) et **Asporotsttipi** (reconvertie en centre d'interprétation de la Corniche basque, voir p. 125). La petite plage de Loya se découvre à marée basse, entre les falaises.

★ À savoir

- juil-août tlj visite libre 16h-18h30, visite guidée horaires variables, avr-juin et sept-oct visite guidée uniquement lun-ven 10h-11h et 14h-16h45, sam-dim 14h-16h45, jan-mars et nov-déc visite guidée uniquement mar-dim 14h-16h30, fermé 3 sem jan.
- Le **parc**, jalonné de panneaux explicatifs, peut faire l'objet d'une visite à lui seul, libre ou guidée (2/4 €).
- Dans le pavillon d'accueil, un espace scénographique permet de se familiariser avec le personnage d'Antoine d'Abbadie via une série de modules audio et vidéo (2 € incluant l'accès au parc).
- Les enfants peuvent découvrir le château de manière ludique, grâce à un jeu de piste à suivre dans un livret (3 €).
- En saison, des concerts sont programmés dans la chapelle dédiée à saint Antoine l'Ermite.

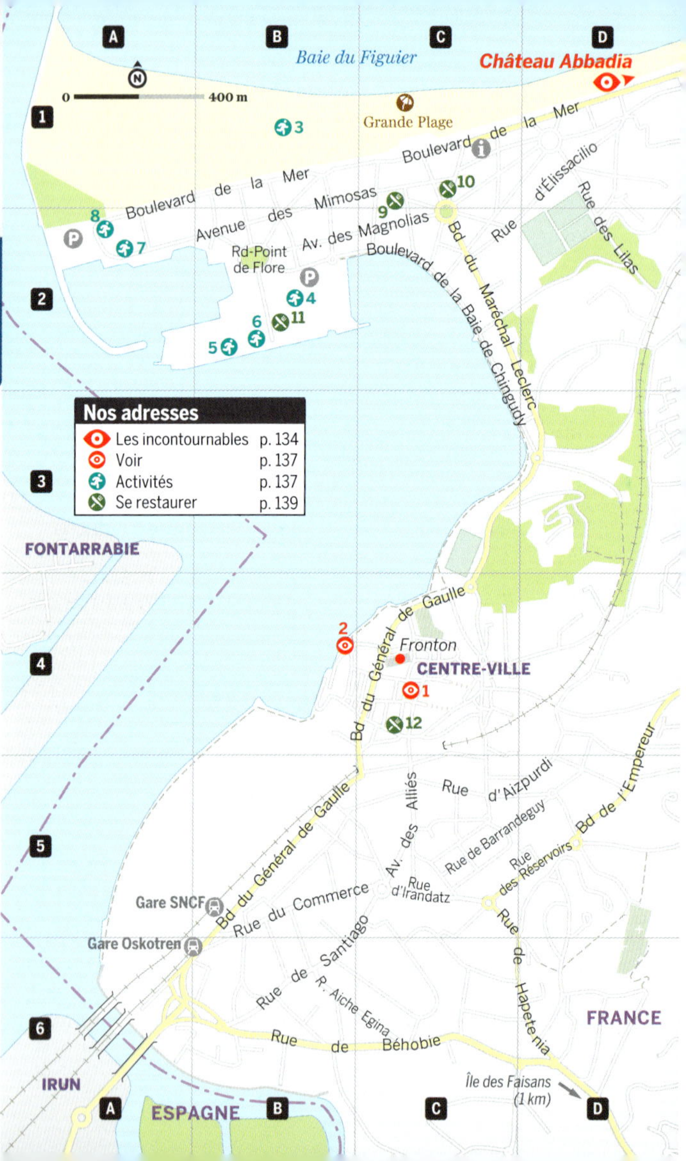
Baie du Figuier
Château Abbadia
0 400 m
Grande Plage
Boulevard de la Mer
Avenue des Mimosas
Av. des Magnolias
Rd-Point de Flore
Boulevard de la Baie de Chingudy
Bd du Maréchal Leclerc
Rue d'Élissacilio
Rue des Lilas
Nos adresses
Les incontournables p. 134
Voir p. 137
Activités p. 137
Se restaurer p. 139
FONTARRABIE
Bd du Général de Gaulle
Fronton
CENTRE-VILLE
Av. des Alliés
Rue d'Aizpurdi
Rue de Barrandeguy
Bd de l'Empereur
Rue des Réservoirs
Rue d'Irandatz
Rue du Commerce
Gare SNCF
Gare Oskotren
Rue de Santiago
R. Aiche Egina
Rue de Béhobie
Rue de Hapetenia
Île des Faisans (1 km)
FRANCE
IRUN
ESPAGNE

Voir

Église Saint-Vincent-Diacre

PATRIMOINE RELIGIEUX

1 PLAN P. 136, C4

Construite en 1598, puis transformée et agrandie au début du XXe siècle, elle possède 3 niveaux de tribunes, un plafond voûté polychrome, ainsi qu'un retable baroque du XVIIe siècle et un Christ en croix du XIIIe siècle. (05 59 48 82 80 ; rue de l'Église)

Bakhar Etchea

VILLA HISTORIQUE

2 PLAN P. 136, B4

Hendaye est associée au nom de Pierre Loti, l'auteur de *Ramuntcho* (1897), qui mourut en 1923 dans une maison qu'il avait baptisée Bakhar Etchea ("la maison du solitaire"). Elle ne se visite pas, mais vous pouvez la voir qui domine la baie, rue des Pêcheurs, près de la villa Mauresque.

Activités

Grande Plage

SURF

3 PLAN P. 136, B1

En raison de sa faible inclinaison et de ses rouleaux moins puissants qu'à Biarritz ou à Anglet, cette plage, longue de 3 km, est idéale pour les surfeurs débutants. La plupart des écoles sont installées aux abords du casino – citons notamment **Lehena** (05 59 20 52 02 ; www.lehena.com ; 71 bd de la Mer), labellisée Handisurf – l'office du tourisme vous en fournira la liste. Comptez environ 35-40 € pour une séance de 2 heures.

Arteka Océan

KAYAK, SUP, PIROGUE HAWAÏENNE

4 PLAN P. 136, B2

Kayak, stand-up paddle ou pirogue... Ce prestataire sympathique propose plusieurs formules, de l'initiation dans la baie de Txingudi à la sortie en mer, en passant par la location. (06 07 05 49 95 ; www.arteka-ocean.com ; chai n°16, rue des Orangers ; cours/sorties 32-35 €, location 1h 10 €/pers)

L'île des Faisans

Confetti arboré posé sur la Bidassoa, entre Irun et Hendaye, cette petite île est à la fois propriété de la France et de l'Espagne : elle est ainsi administrée alternativement par l'une et par l'autre tous les 6 mois ! Lieu privilégié de rencontres diplomatiques entre les deux pays, elle fut notamment le théâtre des négociations du traité des Pyrénées, qui mit fin à la guerre franco-espagnole (1635-1659) et conclut le mariage entre Louis XIV et Marie-Thérèse d'Autriche. Un monument rappelant l'événement est visible depuis la rive : l'île est interdite au public.

Naviguer à Hendaye

Hendaye jouit de deux plans d'eau parfaits pour les sports nautiques. La baie de Txingudi offre à marée haute un bassin protégé ouvrant sur l'océan, tandis que la plage est abritée des fortes houles par la pointe de Sainte-Anne au nord et par le cap du Figuier au sud. Pour des sorties en voilier et formations croisière, contactez **EVI Nautika** (06 72 63 51 57 ; www.evi-nautika.com ; 8 rue des Orangers, quai de la Floride) ou **Spi en Tête** (06 62 82 34 74 ; www.spientete.com ; embarquement quai de la Floride). Le **centre nautique d'Hendaye** (05 40 39 85 43, 06 29 78 59 42 ; www.centrenautique-hendaye.com ; bd de Txingudi) organise, pendant les vacances scolaires, des stages de voile légère (printemps et automne 4 séances/été 5 séances 80-112/120-160 € sur Optimist, catamaran et planche à voile ; été 3 séances 120 € sur dériveur), des sorties en trimaran (adulte/-12 ans 35/16 €), loue du matériel (de mai à mi-sept, 10h-12h30 et 14h-18h30) et dispense des cours particuliers.

Planet Ocean

PLONGÉE

5 PLAN P. 136, B2

Ouverte à l'année, cette école programme des sorties découverte pour adultes et enfants : randonnée palmée et baptême de plongée sur la journée (initiation en piscine le matin et sortie en mer l'après-midi). Des formations jusqu'au niveau 4 et instructeur PADI, sorties exploration et plongées de nuit sont aussi proposées. (06 62 63 66 27 ; www.planetocean.fr ; 8 quai de la Floride ; randonnée palmée 32 €, baptême adulte/enfant 120/115 €)

Urpean

PLONGÉE

6 PLAN P. 136, B2

Ce club associatif fort d'une expérience de plus de 40 ans assure tous les après-midi en saison des baptêmes à la baie des Cochons (adulte/enfant 45/35 €) ainsi que des explorations (34/28 € avec/sans matériel ; pour les licenciés de la FFESSM uniquement). (05 59 20 55 55, 06 88 74 68 69 ; www.urpean.com ; 10 rue des Orangers, quai de la Floride)

L'Hendayais II

BALADE EN MER

7 PLAN P. 136, A2

Si vous souhaitez faire une balade commentée le long de la côte hendayaise et/ou espagnole, ou programmer une partie de pêche en mer, voyez auprès de ce prestataire. (06 50 67 03 44 ; www.hendayais.com ; sortie adulte/enfant 12-17/6-10 € selon durée, pêche 37/25 € la demi-journée ; avr-oct)

Serge Blanco Thalasso & Spa

THALASSO

8 PLAN P. 136, A2

Le complexe de thalassothérapie du célèbre rugbyman n'accueille pas seulement les curistes et les sportifs en rééducation. Outre les soins beauté et spa, il est possible d'accéder à l'espace remise en forme et à son parcours biomarin avec sauna et hammam. (05 59 51 35 35 ; thalassoblanco.com ; 125 bd de la Mer ; soins et massages 32-192 €, accès spa 1/2 heures 15/22 €)

Le Chemin de la Baie

Jalonnée de panneaux pour les piétons et les cyclistes, cette voie verte court sur 14 km de la falaise d'Abbadia au phare espagnol de Higuer en passant par le pont de Béhobie. Un beau parcours autour de la baie de Txingudi. Voir p. 149 pour louer un vélo.

Se restaurer

Itsas Zaldi

PRODUITS DE LA MER **€€**

9 PLAN P. 136, C1

Cette ancienne poissonnerie s'est récemment métamorphosée en restaurant coquet, tout en conservant son credo initial : des poissons et fruits de mer ultrafrais. Stars à l'ardoise comme sur le papier peint, ils se pomponnent désormais avant de faire leur entrée, accompagnés des légumes et aromates du moment. (09 83 03 40 79 ; facebook.com/

École de voile d'Hendaye

restauranthendaye ; 9 rue des Figuiers ; fruits de mer 6-14 € ; plats 13-20 €, menu midi 19 € ; juil-août mar dim, avr-juin et sept mar soir et mer-dim, hors saison mer-dim)

Battela

TERROIR CRÉATIF **€€**

10 PLAN P. 136, C1

Entre le rond-point du Palmier et le front de mer, ce petit restaurant possède une solide réputation justifiée. Une carte courte agrémentée de quelques suggestions iodées, gage de fraîcheur des plats, joliment présentés, où les produits de saison sont travaillés avec créativité. Bonne sélection de vins. (05 59 20 15 70 ; www.battela-restaurant.com ; 5 rue d'Irun ; formule/menu midi sem 17/21 € ; plats 12,50-26 € ; juil-août mer-lun, mi-mars à juin et sept-oct lun-mar, ven-sam et dim midi, nov à mi-déc lun, ven-sam et dim midi)

Le Parc à Huîtres

HUÎTRES **€€**

11 PLAN P. 136, B2

La bonne adresse du port de pêche pour déguster huîtres, crustacés, poissons de la criée de Saint-Jean-de-Luz, mais aussi tourteaux farcis, assiettes de charcuterie ou plat du jour, car cet écailler s'y entend aussi en matière de popote. (05 59 20 32 38 ; leparcahuitres-hendaye.fr ; 5 rue des Orangers ; 6/12 huîtres 11-21/21-40 €, plats 12,80-23,90 € ; tlj sauf dim soir et lun)

L'Oumar

CUISINE D'AUTEUR **€€**

12 PLAN P. 136, C4

Oumar Cieutat, le chef généreux de ce petit restaurant moderne,

Rocher des Deux Jumeaux

Au-delà de la Bidassoa, la fiesta

Quand il s'agit de prendre un verre, nombreux sont les Hendayais à franchir la Bidassoa pour se rendre sur la rive gauche de la baie de Txingudi, à **Fontarrabie** (Hondarribia en basque, Fuenterrabía en espagnol). Très facile et agréable avec la *Marie-Louise*, la **navette maritime** qui y mène en 7 minutes à peine depuis le port de Sokoburu (2 € l'aller ; juil-août 10h-1h, départ toutes les 15 minutes, hors saison jusqu'à 18h ou 20h, départ toutes les 30 minutes). De même, les fêtards n'hésitent pas à passer la frontière pour aller en discothèque à **Irun** ou à **Saint-Sébastien** (Donostia en basque et San Sebastián en espagnol). Là encore, rien de plus simple avec le **Topo**, la navette ferroviaire de la société basque Euskotren, qui relie Hendaye et Saint-Sébastien en 35 minutes (5,30 € l'aller/retour). Ce "petit métro aérien", qu'on attrape sur le parking de la gare SNCF, part tous les jours et toutes les 3 et 33 minutes de chaque heure. Il fait la navette jusqu'à 22h33 toute l'année (avec, le samedi soir, des retours supplémentaires depuis Saint-Sébastien entre minuit et 6h), et toute la nuit la semaine du 15 août.

situé non loin de la gare, joue, en cuisine, des ingrédients locaux avec simplicité et finesse. Il possède en outre, un peu plus bas dans la rue adjacente, une annexe version bar à vin, L'Oumar Atelier. (05 35 39 61 48 ; 28 place de la République ; formule/menu midi sem 20/25 €, menu 40 € ; fermé dim soir, mer soir et jeu)

Vaut le détour

Biriatou, panoramique et gourmande

À 5 km d'Hendaye mais déjà dans le piémont pyrénéen, ce village d'un peu plus de 1 000 âmes domine la Bidassoa à la frontière de Béhobie. Accrochées au flanc du Xoldokogaina, sa belle église du XVe siècle, ses maisons aux colombages sang-de-bœuf, sa placette-fronton et sa mairie composent un tableau charmant. On s'y rend pour prendre une bouffée d'air – et de vert –, mais aussi pour faire bonne chère...

La ligne n°37 du réseau **Hegobus** (☎ 0800 891 091 ; www.hegobus.fr) fait la liaison entre Hendaye (arrêt Mairie-Église) et le centre du bourg (2 à 4/jour, sauf dim).

Randonnées panoramiques

De belles randonnées pédestres entourent le village. Le **mont du Calvaire** (280 m) est un classique. En vous garant sur le parking peu après la ferme Larretxeko Borda, l'ascension ne vous prendra qu'une trentaine de minutes et vous gratifiera d'une jolie vue sur le littoral. Les plus sportifs pourront s'élancer sur le circuit balisé du **Tour du Xoldo**. Cette boucle de 8 km (3 heures 30 ; niveau intermédiaire) ménage de jolis points de vue sur la côte et la Rhune, puis sur la vallée de la Bidassoa. Tout en montée au début, elle s'adoucit ensuite et rejoint une partie du GR®10 dans une forêt de chênes et de résineux. Avec un peu de chance vous pourrez observer vautours fauves et pottoks. Plus difficile, la très belle randonnée Le **sentier des douaniers** (7,8 km ; 2 heures 45), qui flirte avec la frontière espagnole, permet d'aller à la découverte des cromlechs... Et des *betizu*, les vaches sauvages basques qu'il est déconseillé d'approcher !

Plaisirs gourmands

Après l'effort, le réconfort ! (ou le réconfort, sans l'effort, à vous de choisir...). À l'entrée du village, **Les Jardins de Bakea** (☎ 05 59 20 02 01 ; www.bakea.fr ; rue Herri-Alde ; menus 31-76 €, plats 25-42 € ; d/ste 99-151/126-168 € selon confort et saison, petit-déj 6-13 € ; ⏲ avr-oct midi mer-dim et soir tlj, nov-mars mer-dim, fermeture annuelle mi-nov à déb déc et mi-jan à déb fév ; wifi) est l'une des bonnes tables de la région. Dans un cadre feutré, ou, aux beaux jours, sur la terrasse donnant sur les montagnes et bordée d'un grand jardin, on y goûte une cuisine du terroir raffinée et gourmande, qui s'agrémente d'une cave d'exception. Si le lieu vous plaît, vous pourrez même y passer la nuit : des chambres cosy tout confort vous attendent à l'étage, certaines dotées d'un balcon et d'une vue imprenable sur la vallée.

★ À savoir

- Chaque année en juillet et août, sur la place du village se tiennent des **tournois de pelote à main nue** (⏲ mar, jeu, sam à 20h30, dim à 18h) très courus.
- En été, **Mendi Lagunak** (☎ 06 11 09 52 54 ; www.mendilagunak.fr ; adulte/enfant 12/5 €) organise autour de Biriatou une randonnée familiale "Panorama et Pâturages", à la découverte de la faune, de la flore et à la rencontre des pottoks, les fameux poneys basques.
- Une partie des itinéraires de randonnée sont téléchargeables sur le site de la mairie : www.biriatou.fr, rubrique tourisme.

Vaut le détour

Les villages de l'arrière-pays

N'hésitez pas à tourner un instant le dos au littoral pour découvrir les jolis villages qui constellent la campagne labourdine ! À seulement quelques kilomètres de la côte, Espelette et Sare ont en commun leur architecture typique préservée et une superbe nature environnante. D'Espelette, on pousse facilement jusqu'à Cambo-les-Bains, toute proche, où se trouve la remarquable villa d'Edmond Rostand.

De Saint-Jean-de-Luz, la ligne **Hegobus** n°45 dessert Sare, et la n°49, Espelette et Cambo-les-Bains. De Bayonne, le **Car Express** n°14 dessert Espelette et Cambo-les-Bains. (www.txiktxak.fr)

Espelette

Espelette, c'est un peu le village basque idéal. Un ruban de maisons labourdines fardées de rouge, festonnées de piments à l'automne, au creux d'un décor de monts verdoyants. La capitale du petit condiment a beau être extrêmement touristique, elle n'en demeure pas moins très séduisante. Ses jolies ruelles recèlent en outre deux excellents restaurants : **Choko Ona** (www.choko-ona.fr), à qui l'on vient d'attribuer une étoile, et **Pottoka** (www.restaurant-pottoka-espelette.com). Mais son charme réside surtout dans son environnement bucolique, sillonné de sentiers de randonnée et émaillé de fermes où l'on s'approvisionne en bons produits.

Sare

Toisé par les sommets de Rhune et de l'Atxuria, ce village chanté par Pierre Loti dans *Ramuntcho* (sous le nom d'Etchezar) est classé parmi les plus beaux de France. Le centre du bourg possède en effet une magnifique trilogie basque : la place du fronton, l'herriko etxea ("la maison de la commune"), avec ses cinq arceaux et ses volets verts, et la majestueuse église Saint-Martin, dont la tour-clocher à 5 étages se dresse au milieu du cimetière. Il est aussi le point de départ de jolies randonnées au cœur du pays de Xareta, petit territoire à cheval sur la France et l'Espagne.

Cambo-les-Bains : la villa Arnaga

À 6 km d'Espelette, Cambo-les-Bains mérite une halte le temps de visiter l'exquise demeure d'Edmond Rostand, la **villa Arnaga** (☎05 59 29 83 92 ; www.arnaga.com ; rte du Docteur-Camino ; tarif plein/réduit et 12-18 ans/7-11 ans 8,50/4/2,50 € ; ⌚juil-août tlj 10h-19h, avr-juin et sept-nov 9h30-12h30 et 14h-18h). Édifiée entre 1903 et 1906 par l'architecte Joseph-Albert Tournaire – qui jettera avec elle les bases du style néobasque –, elle renferme de très beaux décors Belle Époque et est bordée de somptueux jardins.

★ À savoir

- À Espelette, faites le plein de produits de petits producteurs chez **Elika** (☎05 59 20 68 40 ; www.elika-espelette.com ; 260 Karrika Nagusia).
- L'office du tourisme d'Espelette organise une superbe **randonnée au clair de lune** (adulte/enfant 32/22 € ; ⌚juin-sept mar 19h-23h) jusqu'au sommet du Soporro, incluant casse-croûte élaboré et découverte du pastoralisme, de la flore ou encore des légendes basques.
- À la villa Arnaga, n'hésitez pas à opter pour la visite commentée (+ 1 €), vraiment excellente.
- Les **fêtes de Sare**, très réputées, se tiennent le 2e week-end de septembre.

Carnet pratique

Rocher de la Vierge, Biarritz (p. 31) YVANN K / STOCK.ADOBE.COM©

Arriver à Biarritz et sur la Côte basque

Avion

◦ À l'**aéroport de Biarritz-Pays Basque** (biarritz.aeroport.fr), **Air France** (airfrance.fr) propose toute l'année des vols quotidiens pour Paris et Lyon. La compagnie assure aussi une liaison avec Genève et Marseille en saison, ainsi que Nice et Strasbourg autour des vacances d'hiver. La compagnie **Swiss** (www.swiss.com) propose des vols pour Genève l'été. La compagnie low cost **EasyJet** (www.easyjet.com) dessert Paris tous les jours, et, l'été, Nice, Lyon et Bâle-Mulhouse notamment. **Ryanair** (www.ryanair.com/fr) propose une liaison vers Bruxelles-Charleroi. **Volotea** (www.volotea.com) assure une liaison estivale avec Marseille et Strasbourg.

Bus

Plusieurs compagnies de bus longue distance relient la Côte basque (Bayonne, Biarritz, Saint-Jean-de-Luz, Hendaye et Irun) à de nombreuses villes en France, en Belgique et en Suisse à des tarifs attractifs.

BlaBlaBus (fr.ouibus.com)

Flixbus (www.flixbus.fr)

Train

Le **TGV** (☎3635 ; www.oui.sncf) dessert les gares de Bayonne, Biarritz, Saint-Jean-de-Luz, Hendaye et Irun. Bayonne est à 3 heures 55 de Paris, à 6 heures 30 de Bruxelles (en passant par Paris) et à 8 heures 20 de Genève (en passant par Paris).

Des **trains régionaux** (www.ter.sncf.com/nouvelle-aquitaine) relient Bayonne et/ou Biarritz à toutes les autres villes de la Côte basque, excepté Bidart.

Voiture

Pour venir de Paris sur la Côte basque, il faut emprunter l'A10 ou la N10. À Bordeaux, l'A63 prend le relais. Il faut compter environ 8 heures de trajet entre Paris et Bayonne, et 2 heures pour rejoindre Bayonne depuis Bordeaux. L'autoroute A63 relie ensuite Bayonne à la frontière espagnole, où l'A8 prend le relais pour vous emmener à Saint-Sébastien et à Bilbao.

Depuis Bruxelles, le plus simple est de passer par Paris pour rejoindre la Côte basque. Comptez environ 12 heures pour rallier Bayonne. De Genève, mettez le cap sur Lyon, puis Bordeaux et Bayonne, un trajet d'un peu moins de 10 heures.

Comment Circuler

Bus

Une grande partie du Pays basque, et surtout le littoral, est desservie par de nombreuses lignes de bus. Pour une vue complète du réseau régional, consultez le site txiktxak.fr

◦ **Chronoplus** (☎05 59 52 59 52 ; www.chronoplus.

eu). Service de bus de l'agglomération Bayonne-Anglet-Biarritz.

- **Hegobus** (☎ 0 800 891 091 ; www.hegobus.fr). Service de bus des communes du Sud Pays basque.
- **Car Express** Lignes interurbaines au départ de Bayonne, dont la n°3 qui longe la côte jusqu'à Hendaye, assurée par ATCRB (☎ 0970 809 074 ; www.transports-atcrb.com).
- **Basque Bondissant** (☎ 05 59 26 25 87 ; www.basque-bondissant.com). Propose des excursions dans la région.
- **Hiruak Bat** (☎ 05 09 65 73 11 ; www.autocars-hiruak-bat.com). Liaisons entre Bayonne et de nombreuses localités du Pays basque intérieur.

Vers l'Espagne, les bus de la compagnie **PESA** (www.pesa.net) desservent Irún, Saint-Sébastien et Bilbao depuis Bayonne.

Train

Le **TER Nouvelle-Aquitaine** (ter.sncf.com/nouvelle-aquitaine) compte plusieurs lignes qui desservent le Pays basque.

Navettes gratuites

L'agglomération Bayonne-Anglet-Biarritz a mis en place plusieurs navettes gratuites, notamment, à Bayonne, dans le centre historique et entre le centre-ville et le quartier Saint-Esprit, et à Biarritz, entre le phare et le centre, et entre la Côte des Basques et le centre. Informations et horaires sur www.chronoplus.eu.

Le Topo, de la Société de chemins de fer basque **Eusko Tren** (www.euskotren.eus), fait des navettes quotidiennes entre Hendaye et Saint-Sébastien.

Vélo

Vous pourrez facilement vous déplacer à vélo au cœur du BAB (Bayonne-Anglet-Biarritz), ainsi qu'à Saint-Jean-de-Luz, Ciboure et Hendaye. Vous pourrez également suivre le tracé de la **Vélodyssée** (www.velodyssee.com) qui longe le littoral basque depuis Bayonne jusqu'à Hendaye.

Pratique, le système de location de vélos à assistance électrique en libre-service Vélibleu (10 minutes gratuites, puis 2 €/heure ; application disponible sur smartphone) dispose de stations à Bayonne, Anglet, Biarritz, Bidart, Saint-Jean-de-Luz et Hendaye.

Quelques loueurs de vélo :

- À Biarritz, **Les Roues de Lilou** (☎ 06 88 34 30 23, 09 81 96 44 11 ; www.lesrouesdelilou.com ; 47 av. de Verdun) loue des vélos électriques et propose des randos guidées.
- À Anglet, **Bike Atlantic** (☎ 06 67 72 01 00 ; www.bikeatlantic.com) loue des VTC, qui peuvent être livrés gratuitement, dès 2 jours de location, dans un rayon de 10 km autour d'Anglet.
- À Saint-Jean-de-Luz, l'**Atelier Bizikleta** (☎ 06 63 14 24 40 ; www.atelier-bizikleta.com ; 21 rue Martin-de-Sopite) loue VTT, VTC, Cruiser, vélos électriques... Et assure

un service de livraison gratuit sur toute la côte dès 3 jours de location.

Voiture

La départementale (D810) qui longe la Côte basque est souvent impraticable en été, et aux heures de pointe, en raison des embouteillages. Pour gagner du temps, il est possible d'emprunter l'autoroute (A63), payante, qui suit le même tracé jusqu'à la frontière espagnole.

Vous trouverez plusieurs grandes enseignes de location de voitures à l'aéroport Biarritz-Pays basque, et un choix plus réduit à la gare de Bayonne, Biarritz, Saint-Jean-de-Luz et Hendaye.

Location de voiture

Alamo (alamo.fr)

Avis (avis.fr)

Europcar (europcar.fr)

Hertz (hertz.fr)

Sixt (sixt.fr)

Vous pouvez aussi essayer la location de voiture entre particuliers, notamment sur les sites **Ouicar** (ouicar.fr) et **Getaround** (fr.getaround.com) : les tarifs sont avantageux et, la plupart du temps, une assurance complète est incluse.

Infos pratiques

Cartes et plans

Pour le Pays basque français, la carte routière Michelin n°342 *Hautes-Pyrénées, Pyrénées-Atlantiques* à l'échelle 1/150 000 (1 cm = 1,5 km) donne une bonne vision d'ensemble de la région tout en faisant apparaître les plus petites routes.

Chez IGN, il existe notamment une carte Top75 (1/75 000) *Pays basque*, plusieurs cartes Top100 tourisme et vélo (1/100 000) de la région, une carte départementale *Pyrénées-Atlantiques* (1/150 000), mais aussi des plans de *Bayonne-Anglet-Biarritz et leurs environs* (1/80 000), ainsi que des cartes de randonnée de la région (1/25 000).

À de rares exceptions, tous les offices du tourisme proposent gratuitement des cartes plus ou moins détaillées des villes et des localités environnantes.

Désagréments et dangers

Mer

Les plages de la côte atlantique requièrent une certaine prudence. Les courants peuvent vite vous emporter au loin et fatiguer le meilleur des nageurs. Veillez ainsi à vous baigner sur les plages surveillées (en saison) et tenez compte de la signalisation relative à la sécurité (drapeau vert, orange ou rouge, selon la dangerosité de la baignade – les consignes sont expliquées sur des panneaux en haut des plages). Ne laissez jamais les enfants sans surveillance. Si les baïnes concernent davantage les Landes que le Pays basque, il faut connaître ce phénomène de courants sous-marins qui se forment à cause des bancs de sable et qui, en tourbillonnant, vous emportent vite vers le large.

Montagne

Évitez de partir seul en randonnée (ou prévenez quelqu'un de votre itinéraire), renseignez-vous impérativement sur les conditions météo du moment, ne surestimez pas vos capacités, étudiez soigneusement votre itinéraire et ne vous écartez pas des sentiers. Prévoyez toujours un vêtement de pluie, ainsi qu'une bouteille d'eau.

Attention : durant la période de chasse à la palombe (octobre-novembre), les cols et les crêtes du Pays basque sont monopolisés par des chasseurs.

Soyez prudent en voiture, notamment sur les routes de montagne, parfois très étroites et sans refuges.

Handicapés

La Côte basque n'est pas sans poser de problèmes aux personnes à mobilité réduite. L'**association Handiplage** (✆ 06 82 93 16 94 ou ou 05 59 50 08 38 ; www.handiplage.fr) gère le site www.handiplusaquitaine.fr, qui détaille des itinéraires de découverte en Pays basque avec une thématique sport et détente, mais également des solutions d'hébergement adaptées. Il répertorie notamment les plages accessibles, aménagées de Tiralos®, toilettes, stationnement, rampes d'accès et caillebotis. Sur la Côte basque, sont équipées la plage de la Petite Chambre d'Amour à Anglet, la Milady à Biarritz, la plage de la Digue du Port à Saint-Jean-de-Luz, la Socoa à Ciboure, la Grande Plage et celle des Deux Jumeaux à Hendaye.

Le site du **Comité départemental du tourisme** (✆ 05 59 30 01 30 ; www.tourisme64.com) répertorie les prestataires qui bénéficient du label "Tourisme et Handicap".

De plus en plus d'hôtels et de chambres d'hôtes offrent des prestations adaptées. Les musées font également des efforts d'aménagement. La **Délégation départementale APF du Pays basque** (✆ 05 59 59 02 14 ; www.apf-francehandicap.org) pourra vous fournir une brochure qui sélectionne les sites et les établissements accessibles aux personnes handicapées.

Yanous (www.yanous.com), **Hizy** (hizy.org), **Handicap.fr** (www.handicap.fr) et **Tourisme et handicaps** (www.tourisme-handicaps.org) constituent également de bonnes sources d'information.

Désormais, les principales plateformes d'hébergement que sont **Abritel** (www.abritel.fr), **Airbnb** (www.airbnb.fr), **Booking** (www.booking.com) et **Hotels.com** (fr.hotels.com) ont intégré des critères d'accessibilité à leur moteur de recherche. **Mobee Travel** (www.mobeetravel.com) est une star-tup qui regroupe des hébergements accessibles et qui

Pratique

- Les restaurants n'acceptent pas toujours les cartes bancaires. Munissez-vous d'espèces en quantité suffisante.
- Lors de vos escapades en montagne, prévoyez vos points de ravitaillement en essence pour ne pas tomber en panne sèche au milieu de nulle part... sans aucune couverture réseau.
- L'avant-saison (avr-juin) et l'arrière-saison (sept-oct) sont idéales pour profiter de la côte et de l'arrière-pays.
- La plupart des prestataires d'activités démarrent la saison à Pâques et ferment après les vacances de la Toussaint.

propose aussi des séjours sur mesure. L'agence de voyages **Yoola** (www.yoola.fr) organise des voyages adaptés aux personnes à mobilité réduite.

Offices du tourisme

Ils sont implantés dans les villes et les sites touristiques. Certains n'ouvrent que pendant la saison touristique.

Anglet-Cinq-Cantons (☎ 05 59 03 77 01 ; www.anglet-tourisme.com ; 1 av. de la Chambre-d'Amour)

Arcangues (☎ 05 59 43 08 55 ; animation.arcangues.fr ; Le Bourg)

Bayonne (☎ 05 59 46 09 00 ; visitbayonne.com ; pl. des Basques)

Biarritz (☎ 05 59 22 37 10 ; tourisme.biarritz.fr ; 1 sq. d'Ixelles)

Bidart (☎ 05 59 54 93 85 ; bidarttourisme.com ; rue Erretegia)

Ciboure (☎ 05 59 47 64 56 ; www.ciboure.fr ; 5 pl. Camille-Jullian)

Espelette (☎ 05 59 93 95 02 ; www.espelette.fr ; 145 Karrika Nagusia)

Guéthary (☎ 05 59 26 56 60 ; www.guethary.fr ; 450 av. du Général-de-Gaulle)

Hendaye (☎ 05 59 20 00 34 ; www.hendaye-tourisme.fr ; 67 bis bd de la Mer)

Saint-Jean-de-Luz (☎ 05 59 26 03 16 ; www.saint-jean-de-luz.com ; 20 bd Victor-Hugo)

Sare (☎ 05 59 54 20 14 ; www.sare.fr ; Herriko Etxea)

Organismes à connaître

Comité régional du tourisme de Nouvelle-Aquitaine (☎ 05 56 01 70 00 ; nouvelle-aquitaine-tourisme.com)

Comité départemental du tourisme Béarn Pyrénées – Pays basque (☎ 05 59 30 01 30 ; tourisme64.com)

Institut culturel basque (☎ 05 59 93 25 25 ; www.eke.eus)

Maison de la Nouvelle-Aquitaine (☎ 01 55 35 31 42 ; nouvelle-aquitaine.paris)

Hébergement

Biarritz est l'une des villes de France où l'hôtellerie est la plus chère, avec des écarts de prix parfois vertigineux entre basse et haute saison. Bayonne (sauf fin juillet) et certaines villes de la côte (Bidart et Hendaye notamment) peuvent se révéler plus abordables.

Sites Web utiles

- **www.abritel.fr** (locations à la semaine)
- **www.airbnb.fr** (locations à la nuitée)
- **www.booking.com** (réservation hôtels, chambres d'hôtes, appartements)
- **www.solikend.com** (plateforme basque et solidaire de réservation d'hôtels : 100% du prix de la chambre est reversé à une association)

Petits budgets

Nami House (Anglet)

05 40 48 02 82 ; nami-house-anglet.fr ; 14 rue de Tartillon, Anglet ; dortoir 4-5 pers/2-3 pers 34-52/36-54 € selon saison petit-déj inclus
Dans le quartier des Cinq-Cantons, cette auberge de jeunesse version *surf house* offre 3 dortoirs (4-5 pers), et une chambre partagée (avec futons et tatamis ; jusqu'à 3 pers). Location vélos et matériel de surf.

L'Escale (Guéthary)

05 59 47 77 16 ; chambresdhotes-lescale.com ; 39 av. Harispe ; d/tr 65-75/80-90 € selon saison, petit-déj compris ; juil-août ;
Une maison d'hôtes aménagée dans une ancienne auberge joliment reconvertie. À l'étage, 5 chambres lambrissées au confort simple. Dans le bourg, mais au calme. Pas de paiement par CB.

Catégorie moyenne

Villa Etxe Gorria (Biarritz)

06 10 69 80 53 ; www.villaetxegorria-biarritz.fr ; 21 av. du Maréchal-Foch ; d 70-145 € selon confort et saison ;
Villa des années 1920 près de la gare du Midi. Une maison familiale, où s'étagent 5 chambres à la déco soignée. Pas de petit-déjeuner – boulangerie à côté – mais, dans chaque chambre, un plateau de courtoisie.

Hôtel Saint-Julien (Biarritz)

05 59 24 20 39 ; hotel-saint-julien-biarritz.fr ; 20 av. Carnot ; d/tr 70-310/100-310 € selon confort et saison, petit-déj 12 € ; P 10-15 €/jour
Les 20 chambres sont coquettes et confortables. Certaines (3e étage) ont vue sur la mer et la Rhune.

La Maison du Lierre (Biarritz)

05 59 24 06 00 ; hotel-maisondulierre-biarritz.com ; 3 av. du Jardin-Public ; s/d 90-178/100-340 € selon confort et saison, petit-déj 8-13 € ; P
Face au jardin public, cette maison de maître mêle avec goût ancien et moderne. Une vingtaine de chambres – certaines terrasse ou balcon – claires et colorées, au confort irréprochable.

Etchebri (Anglet)

06 73 53 36 48 ; chambredhotesanglet.com ; 9 av. de la Forêt ; d/qua 110-215/220-365 €
Près de la plage de la Madrague, dans la forêt de Chiberta, une jolie maison d'hôtes de 5 chambres, donnant sur la terrasse et la piscine. À 5 minutes à pied du golf.

Irigoian (Bidart)

05 59 43 83 00 ; irigoian.com ; 1415 av. de Biarritz ; d 100-135 € selon saison, 2 nuits min, petit-déj 10 € ;
Cette ancienne ferme (1648 !) abrite 5 chambres mansardées au grand confort. Hammam et couloir de nage. Près du golf d'Ilbarritz.

Hôtel Balea (Guéthary)

05 59 26 08 39 ; baleahotel.com ; 106 rue Adrien-Lahourcade ; d 89-199 € selon confort et saison ; petit-déj 11 € ; P
L'ancienne école de Guéthary s'est reconvertie en hôtel contemporain cosy au charme fou. Pour plus de calme, optez pour les chambres donnant sur l'intérieur.

Hôtel La Marisa (Saint-Jean-de-Luz)

05 59 26 95 46 ; hotel-lamarisa.com ; 16 rue Martin-de-Sopite ; d 89-178 € selon confort et saison, petit-déj 12 € ; mi-fév à mi-jan ; P 15-18 €/jour
Cet élégant hôtel aux 16 chambres feutrées et confortables bénéficie d'un agréable patio fleuri, à l'écart de l'agitation des rues. En plein centre-ville, à deux pas de la plage.

La Croix Basque (Ciboure)

05 59 47 18 37, 06 14 34 06 77 ; lacroixbasque.com ; 19 av. des Pyrénées ; d 98-153 € ;
Une maison d'hôtes avec jardin, nichée dans une superbe villa néobasque (1929) offrant un panorama imprenable sur les Pyrénées. Trois chambres – en rez-de-jardin, ou à l'étage, avec terrasse.

Hôtel Valencia (Hendaye)

05 59 20 01 62 ; hotel-valencia-hendaye.com ; 29 bd de la Mer ; d/tr 70-168/98-165 € selon confort et saison ; petit-déj 10 € ; fév à mi-déc ; P
Ce trois-étoiles en bord de plage a une sobre déco contemporaine. Parmi les 22 chambres simples et confortables, certaines ont une baignoire balnéo et/ou une terrasse avec vue sur mer.

Catégorie supérieure

Mercure Plaza Biarritz Centre

05 59 24 74 00 ; mercure.com ; 10 av. Édouard-VII ; d 89-279 € selon ch et saison, petit-déj 9-25 € ; P
Un hôtel au charme suranné du Biarritz Belle Époque, avec vue sur l'océan. Les chambres, plutôt classiques, s'étagent dans un bel édifice Art déco classé.

Hôtel Villa Koegui (Biarritz)

05 59 50 07 77 ; hotel-villakoegui-biarritz.fr ; 7 rue de Gascogne ; s/d/ste 120-200/135-305/270-430 € selon confort et saison, petit-déj 15 € ;

Dans une rue calme en plein centre-ville, cet hôtel propose 15 chambres (dont une suite) au design moderne. À savoir, le centre de Bayonne accueille depuis peu son petit frère (hotel-villakoegui-bayonne.fr).

Le Beaumanoir (Biarritz)

05 59 24 89 29 ; lebeaumanoir.com ; 10 av. de Tamamès ; d/ste 250-500/350-750 € ; petit-déj 24 € ; mai-oct ; P
Avec ses 8 chambres et suites, c'est le plus petit cinq-étoiles de France. Ce boutique-hôtel possède un bar à champagne néobaroque, un couloir de nage et un salon lounge. Le transfert depuis l'aéroport se fait en Rolls-Royce... !

Mercure Bayonne Centre-Le Grand Hôtel

05 59 59 62 00 ; all.accor.com/hotel/A0Y1/index.fr.shtml ; 21 rue Thiers ; d 99-176 € selon confort et saison, petit-déj 8-17 € ; P 17 €/jour
Dans le centre historique de Bayonne, un quatre-étoiles bâti en 1835 sur le site de l'ancien couvent des Carmes. Le bel ascenseur fin XIXe, mène à une soixantaine de chambres douillettes.

Hôtel des Basses-Pyrénées (Bayonne)

05 59 25 70 88 ; www.hotel-bassespyrenees-bayonne.com ; 1 pl. des Victoires, Bayonne, accès voiture 13 rue Tour-de-Sault ; s/d/ste 70-150/80-240/195-450 € selon confort et saison, petit-déj 16 € ; plats 17-25 €, menu 4 services 45 € ; P 12 €/jour
Blotti au cœur des remparts, ce bel hôtel-restaurant plein de cachet et au confort moderne loue 27 chambres élégantes. Les 2 suites ont pris place dans ce qui fut, au Moyen Âge, la tour du bourreau... Excellente table.

Le Madison (Saint-Jean-de-Luz)

05 59 85 55 55 ; madison-saintjeandeluz.com ; 25 bd Thiers ; d/suite 125-405/300-500 € selon confort et saison, petit-déj 7,50-17 € ; P 20 €/jour
Ce quatre-étoiles du centre-ville cultive une atmosphère contemporaine branchée. Les 36 chambres et suites déclinent une décoration à tonalité basque élégante. Certaines ont une vue partielle sur la baie. Espace spa avec bassin de nage et bistrot-salon de thé.

Hôtel La Réserve (Saint-Jean-de-Luz)

05 59 51 32 00 ; www.hotel-lareserve.com ; 1 av. Gaëtan-de-Bernoville ; d/ste 125-355/245-555 €, petit-déj 21-26 €, studio 2 pers/4 pers/app 4 pers/6 pers 165-345/210-405/240-475/300-555 € ; mars-nov ; P 15 €/jour
Ce quatre-étoiles surplombant l'océan possède un parc de 3 ha, un espace bien-être, une piscine extérieure, un court de tennis, un bar lounge et un restaurant. Chambres au confort classique et élégant. Également studios (de 2 à 4 pers) et appartements (3-6 pers).

En coulisses

Vos réactions ?

Vos commentaires nous sont très précieux pour améliorer nos guides. Notre équipe lit vos lettres avec la plus grande attention et prend en compte vos remarques pour les prochaines mises à jour. Pour nous faire part de vos réactions, prendre connaissance de notre catalogue et vous abonner à notre newsletter, consultez notre site Internet : **www.lonelyplanet.fr**

Nous reprenons parfois des extraits de notre courrier pour les publier dans nos guides ou sites Web. Si vous ne souhaitez pas que vos commentaires soient repris ou que votre nom apparaisse, merci de nous le préciser. Notre politique en matière de confidentialité est disponible sur notre site Internet.

Un mot de l'auteure

Un immense merci à Christiane Bonnat, qui fut – comme à chaque fois – une aide précieuse à la conception de ce guide : merci pour ton professionnalisme, ton efficacité, et pour ton amitié. Merci également à Amandine, pour son aiguillage pointu sur le surf. Une pensée aussi aux jolies rencontres qui ont fluidifié ma route, ainsi qu'aux amis – Pantxo, Panpi, Leire, Francine, Laura... – auxquels chacun de mes passages au Pays basque sont associés.

Crédits photographiques

À propos de cet ouvrage

Cette 1re édition de *Biarritz et la Côte basque en quelques jours* à été écrite par Émilie Thièse.

Directeur éditorial Didier Férat

Responsable éditorial Dominique Bovet

Responsable prépresse Jean-Noël Doan

Coordination éditoriale Muriel Chalandre-Yanes Blanch

Maquette Laurence Tixier

Cartographie AFDEC (Florence Bonijol, Bertrand de Brun, Martine Marmouget, Catherine Zacharopoulou)

Couverture Laure Wilmot et Laurent Briard

Merci à Sylvie Rabuel pour sa relecture du guide, ainsi qu'à Vahagn Terzian pour son aide.

Index

Voir aussi les index :

Se restaurer p. 158
Prendre un verre p. 159
Sortir p. 159
Shopping p. 159

Référence des **sites**
Référence des **cartes**

Référence des **sites**
Référence des **cartes**

Se restaurer

L'auteure

Émilie Thièse

Émilie découvre le Pays basque à l'âge de 19 ans lors d'un *road-trip* entre filles depuis Lille jusqu'à Santander en Espagne. La vigueur de l'océan, le dynamisme de sa côte, et sa forte identité culturelle – gage à chaque fois de dépaysement –, sont toujours pour elles d'excellentes raisons d'y retourner. Plus encore depuis que son cœur s'emballe pour l'intérieur des terres : la quiétude de la vallée des Aldudes, les paysages sauvages de la Soule... Et le charme irrésistible de Sare. Journaliste indépendante, lorsqu'elle ne sillonne pas les routes pour Lonely Planet, Émilie se mêle également de voyage en presse magazine et sur Internet.

Biarritz et la Côte basque en quelques jours
1re édition

92 avenue de France - 75013 Paris

Dépôt légal Avril 2021
ISBN 978-2-81619-276-6

Imprimé par ESTIMPRIM, Baume-les-Dames, France
Réimpression 03, avril 2023

En Voyage Éditions | un département édi8